Principes de bonne pratique de l'OCDE en matière de politique réglementaire

Analyse d'impact de la réglementation

Ce document, ainsi que les données et cartes qu'il peut comprendre, sont sans préjudice du statut de tout territoire, de la souveraineté s'exerçant sur ce dernier, du tracé des frontières et limites internationales, et du nom de tout territoire, ville ou région.

Merci de citer cet ouvrage comme suit :
OCDE (2020), *Analyse d'impact de la réglementation*, Principes de bonne pratique de l'OCDE en matière de politique réglementaire, Éditions OCDE, Paris, *https://doi.org/10.1787/6ee941af-fr*.

ISBN 978-92-64-97024-3 (imprimé)
ISBN 978-92-64-65552-2 (pdf)

Principes de bonne pratique de l'OCDE en matière de politique réglementaire
ISSN 2708-0854 (imprimé)
ISSN 2708-0862 (en ligne)

Crédits photo : Cover © Julia Sudnitskaya/Shutterstock.com

Les corrigenda des publications sont disponibles sur : *www.oecd.org/about/publishing/corrigenda.htm*.
© OCDE 2020

L'utilisation de ce contenu, qu'il soit numérique ou imprimé, est régie par les conditions d'utilisation suivantes : *http://www.oecd.org/fr/conditionsdutilisation*.

Avant-propos

Le présent rapport s'inscrit dans une série de « principes de bonne pratique » élaborés sous la direction du Comité de la politique de la réglementation de l'OCDE.

Sans réglementation, les économies et les sociétés ne sauraient fonctionner correctement. C'est la réglementation qui fixe les « règles du jeu » aux citoyens, aux entreprises, aux administrations publiques et à la société civile. Elle aussi qui sous-tend les marchés, protège les droits et la sécurité des citoyens et garantit la fourniture des biens et services publics. L'objectif de la politique de la réglementation est de veiller au bon fonctionnement de ce levier de l'action publique, de sorte que les dispositions et les cadres applicables servent l'intérêt général.

La qualité de l'environnement réglementaire et l'obtention de bonnes retombées dépendent dans une large mesure de la qualité des processus utilisés pour concevoir les textes. Si elle est déployée systématiquement et dans l'ensemble du secteur public, l'analyse d'impact de la réglementation (AIR) peut garantir une action publique de meilleure qualité. Par ailleurs, le fait de consigner et de publier les données probantes et les analyses ayant servi de base à la conception des textes permet d'accroître la redevabilité et la transparence des processus d'action publique et de prise de décision.

L'OCDE a joué un rôle international très important en promouvant la réforme de la réglementation et l'adoption de pratiques réglementaires de qualité. La *Recommandation du Conseil concernant la politique et la gouvernance réglementaires*, qui a été adoptée en 2012, est une synthèse des informations et de l'expérience acquises par l'OCDE.

Les présents Principes, qui s'appuient sur une masse considérable de renseignements et de pratiques, constituent un outil synthétique qui peut aider les décideurs, les responsables publics, les fonctionnaires et les autres acteurs du secteur public du monde entier à mieux concevoir et mettre en œuvre leurs dispositifs et stratégies d'analyse d'impact de la réglementation.

Ce document a été approuvé par le Comité de la politique de la réglementation lors de sa 21e session, le 6 novembre 2019, et il a été préparé pour publication par le Secrétariat de l'OCDE.

Remerciements

Ces Principes ont été élaborés par la Direction de la gouvernance publique (GOV) de l'OCDE, sous la direction de Marcos Bonturi, son Directeur. Ils ont été rédigés par Daniel Trnka, analyste principal des politiques à l'OCDE, sous la supervision de Nick Malyshev, chef de la Division de la politique de la réglementation. Jennifer Stein a coordonné le processus de mise en forme.

Les auteurs adressent leurs remerciements à tous les membres du Comité de la politique de la réglementation, qui ont formulé d'importantes observations et apporté leur contribution aux diverses versions de cet ensemble de Principes. Des commentaires détaillés et précieux ont en outre été fournis lors de la consultation publique par M. Jonathan Ayto (Trésor de Nouvelle-Zélande), M. Paolo Paruolo (Centre commun de recherche, Commission européenne), Mme Fabiola Perales (experte en matière de politique de la réglementation, Mexique) et M. Yoav Teitelbaum (Direction nationale de la cybersécurité, Israël).

Table des matières

Résumé	6
1 Historique et contexte	**8**
Fondements et objectif des Principes	8
Références	13
Notes	14
2 Principes de bonne pratique concernant l'analyse d'impact de la réglementation	**15**
Engagement en faveur de l'AIR et adhésion à l'initiative	18
Gouvernance de l'AIR - Configuration ou conception appropriée du dispositif	20
Incorporation de l'AIR via le renforcement de la capacité et de la redevabilité de l'administration	22
Adoption d'une méthode d'AIR ciblée et appropriée	24
Suivi, évaluation et amélioration continus de l'AIR	32
Références	34
Notes	35

Tableaux

Tableau 2.1. Facteurs comportementaux et exemples	31

Graphiques

Graphique 2.1. La gouvernance des données dans le secteur public	26
Graphique 2.2. Typologie des coûts de la réglementation	29
Graphique 2.3. Le cycle de valeur des données publiques	33
Graphique 2.4. Générer de la valeur publique en axant le secteur public sur les données	33

Encadrés

Encadré 1. Publications de l'OCDE sur l'analyse d'impact de la réglementation	10
Encadré 2. Recommandation du Conseil de l'OCDE concernant la politique et la gouvernance réglementaires (2012) : Principe n° 4	11
Encadré 2.1. Principes de bonne pratique concernant l'analyse d'impact de la réglementation	15
Encadré 2.2. Étapes de base du processus d'analyse d'impact de la réglementation	17
Encadré 2.3. Choisir la bonne méthodologie : vers des méthodes d'AIR plus élaborées ?	24
Encadré 2.4. Pays-Bas : promotion d'un cadre commun de gouvernance des données dans le contexte de la mise en application de la réglementation	26
Encadré 2.5. Alternatives aux réglementations « coercitives »	27
Encadré 2.6. Les connaissances comportementales appliquées aux politiques publiques	30
Encadré 2.7. Gestion et utilisation des données pour créer de la valeur publique	32

Résumé

La réglementation est un levier d'action important, qui aide les autorités à atteindre leurs objectifs dans le domaine social, économique et environnemental. Les pouvoirs publics disposent, en matière réglementaire, d'un large éventail d'instruments pour répondre aux besoins complexes et variés des citoyens, des collectivités et de l'économie.

La qualité de l'environnement réglementaire et des retombées de la réglementation dépend dans une large mesure de celle des processus utilisés pour concevoir les textes. Lorsqu'ils prennent des dispositions — qu'il s'agisse de politiques, de lois, de règlements ou d'autres types de « règles » —, les pouvoirs publics ne tiennent pas toujours compte de l'ensemble des effets qu'elles peuvent avoir. De surcroît, l'action publique a un coût qui, dans certains cas, peut être supérieur aux avantages attendus. Il est donc fréquent qu'une intervention mal conçue ait des conséquences inattendues et, à terme, des effets négatifs pour les citoyens, les entreprises et la société en général. Ces effets touchent souvent plus durement les groupes sociaux minoritaires, peu organisés, isolés, mal informés ou marginalisés. Ils sont donc préjudiciables à la croissance inclusive, au développement durable, au renforcement de la confiance et au maintien de l'intégrité de l'état de droit.

L'analyse d'impact de la réglementation (AIR) fournit aux décideurs des informations cruciales afin de déterminer s'il est opportun d'adopter un texte pour atteindre certains objectifs et, si oui, comment procéder. L'AIR peut également aider les responsables publics à défendre leur décision de ne pas intervenir dans le jeu du marché lorsque cela s'avérerait plus coûteux qu'avantageux. Enfin, elle peut les aider à défendre leur position en apportant la preuve que le texte qu'ils souhaitent adopter sera bénéfique — aspect souvent négligé par la société et les pouvoirs publics.

Les présents Principes fournissent aux responsables publics, aux fonctionnaires et aux autres acteurs du secteur public un instrument pratique qui permet de mieux concevoir et mettre en œuvre les dispositifs et stratégies d'analyse d'impact de la réglementation. Ils couvrent un large éventail d'organisations institutionnelles, d'outils et de pratiques, présentent une liste d'étapes clés et énumèrent les pratiques à privilégier et à éviter dans l'élaboration de dispositifs d'analyse d'impact.

Toute analyse d'impact de la réglementation doit inclure au minimum les tâches suivantes : énoncé du problème, définition de l'objectif, description du projet de texte, mise en évidence des autres solutions pouvant être envisagées, analyse coûts-avantages, sélection de la meilleure solution et définition du cadre d'évaluation et de suivi.

Pour être couronnée de succès, l'analyse d'impact de la réglementation doit :

- toujours être lancée dès la première phase du processus normatif ;
- mettre clairement en évidence le problème à résoudre et les objectifs poursuivis par le projet de texte ;
- évoquer et évaluer toutes les autres solutions possibles (y compris les solutions ne relevant pas du domaine réglementaire) ;
- toujours essayer d'évaluer l'ensemble des coûts et avantages potentiels, à la fois directs et indirects ;
- s'appuyer sur l'ensemble des éléments probants et des connaissances scientifiques disponibles ;
- être conçue en toute transparence avec les parties prenantes, et être suivie d'une publication claire de ses résultats.

Les présents Principes sont structurés autour des cinq thèmes suivants :

- Engagement en faveur de l'AIR et adhésion — création de « contraintes internes et externes » crédibles garantissant que l'AIR sera effectivement mise en œuvre, obtention du soutien des acteurs politiques et des parties prenantes et transparence de la prise de décision, l'objectif étant de permettre un contrôle du processus d'AIR par la collectivité.
- Gouvernance de l'AIR/configuration ou conception appropriée du dispositif — notamment intégration avec les autres outils de gestion de la réglementation, ajustement au système juridique et administratif ainsi qu'à la culture du pays, mise en place d'un contrôle qualité, action en faveur de l'adoption d'une méthode proportionnée à l'importance du texte et affectation des tâches liées à l'AIR.
- Ancrage solide de l'AIR au moyen du renforcement des capacités et de la redevabilité de l'administration — fourniture de conseils et d'une formation et limitation des exceptions.
- Adoption d'une méthode d'AIR ciblée et appropriée — fourniture d'une méthodologie simple et adaptable, définition du contexte et des objectifs de l'action publique, prise en compte de toutes les autres solutions plausibles, mise en évidence de tous les coûts directs pertinents et des coûts indirects importants ainsi que des avantages, élaboration de stratégies concernant la collecte et l'accessibilité des données, communication des résultats de l'AIR et association des parties prenantes à l'ensemble du processus d'AIR.
- Évaluation et amélioration continues de l'AIR — vérification de l'impact réel des textes adoptés après leur mise en œuvre et évaluation complète du dispositif d'AIR et des organes de contrôle.

Ces Principes viennent compléter la *Recommandation du Conseil concernant la politique et la gouvernance réglementaires* de 2012. Ils peuvent être utilisés par les pays – membres ou non de l'OCDE – pour guider leurs réformes, et serviront de base au Secrétariat de l'OCDE pour examiner les politiques réglementaires mises en place dans les pays membres et non membres de l'Organisation.

1 Historique et contexte

Le présent document s'inscrit dans une série de rapports sur les « Principes de bonne pratique » élaborés sous la direction du Comité de la politique de la réglementation de l'OCDE. Comme d'autres rapports de la série, il complète et approfondit les principes énoncés dans la *Recommandation du Conseil concernant la politique et la gouvernance réglementaires* de 2012 (OCDE, 2012[1]).

Ces Principes sont censés être utiles et pertinents pour les administrations de l'ensemble des pays membres. Ils fournissent donc davantage des conseils généraux que des consignes précises. Néanmoins, en s'affichant comme des « bonnes pratiques », ces principes sont volontairement ambitieux. Il est peu probable qu'ils soient à ce stade tous mis en œuvre par quelque pays que ce soit. Mais dans la mesure où ils s'inspirent de l'expérience concrète de différents pays, ils ne sauraient être considérés comme inatteignables ou comme de simples vœux pieux. D'un autre côté, l'OCDE est consciente qu'il existe des limites à la capacité des pouvoirs publics à respecter toutes les conditions de mise en œuvre de l'AIR. Les administrations doivent adopter une approche qui ne se contentera pas de creuser l'écart entre la théorie et la pratique. Il est plus important que les politiques soient effectivement mises en œuvre plutôt que de « cocher toutes les cases » des Principes.

Il est possible que sur certains points, ces Principes fassent partiellement doublon avec d'autres principes de bonne pratique publiés par le Comité de la politique de la réglementation, en particulier ceux relatifs à l'association des parties prenantes ou aux évaluations *ex post* de la réglementation. Ces ensembles de principes devraient logiquement être interconnectés et mis en œuvre, si nécessaire, en liaison les uns avec les autres.

Fondements et objectif des Principes

L'élaboration des politiques à partir de données empiriques est un principe de bonne gouvernance bien compris et bien accepté. Les politiques publiques et/ou les réglementations doivent toujours s'appuyer sur les meilleures informations, données, analyses et connaissances scientifiques disponibles, et tenir compte de l'ensemble des solutions possibles pour un problème donné. Or, lorsque les pouvoirs publics prennent des dispositions – qu'il s'agisse de politiques, de lois, de réglementations ou d'autres types de « règles » – , ils ne tiennent pas toujours compte de l'ensemble des effets qu'elles peuvent avoir. De surcroît, ces mesures ont un coût qui, dans certains cas, peut être supérieur aux avantages attendus. Il est donc fréquent que les actions gouvernementales mal conçues aient des conséquences inattendues et, à terme, des effets négatifs – qui pourraient être évités – pour les citoyens, les entreprises et la société en général. Ces effets sont souvent perçus plus durement par les membres de la société minoritaires, peu structurés, isolés, mal informés ou marginalisés. Ils sont donc préjudiciables à la mise en œuvre d'une croissance inclusive, d'un développement durable, du renforcement de la confiance et de la préservation de l'État de droit.

L'environnement dans lequel sont élaborées les politiques est, quant à lui, devenu plus complexe et connaît des changements rapides. L'émergence des économies numériques et collaboratives, les innovations industrielles, les progrès technologiques, les médias sociaux, sans oublier la transformation numérique des administrations publiques, ont compliqué l'élaboration et la préservation de cadres réglementaires de qualité ou, tout au moins, adaptés à leur usage. Ces évolutions s'inscrivent souvent dans le contexte d'une insuffisance des ressources du secteur public et d'un alourdissement de la charge qui pèse sur les administrations.

Déployée systématiquement et dans l'ensemble du secteur public, l'analyse d'impact de la réglementation (AIR) est un outil essentiel pour obtenir une action gouvernementale de meilleure qualité. Par ailleurs, le fait de présenter et de publier les données empiriques ainsi que l'analyse ayant servi de base à la conception de cette action permet d'accroître la redevabilité et la transparence des processus d'élaboration des politiques et de prise des décisions. L'AIR fournit aux décideurs des informations cruciales sur l'opportunité et la manière de réglementer dans le but de satisfaire aux objectifs de l'action publique (OCDE, 2012[1]). Il n'est pas simple pour les pouvoirs publics de prendre des mesures « appropriées » qui garantissent en outre le bien-être maximal de la société. Le rôle de l'AIR est de faciliter cette démarche en examinant de manière critique les impacts et les répercussions de différentes options possibles. L'enrichissement de la base de données empiriques utilisées par les réglementations fait de l'AIR l'un des principaux instruments de réglementation dont disposent les pouvoirs publics (OCDE, 2012[1]).[1]

L'AIR aide également les dirigeants à prendre la décision de ne pas intervenir sur des marchés lorsque cela s'avérerait plus coûteux qu'avantageux. Cette analyse conforte en outre les décisions des dirigeants en montrant que la réglementation a des effets bénéfiques, un aspect souvent négligé par la société et les pouvoirs publics. La mise en place d'un cadre d'analyse fonctionnel pourrait donc représenter une étape importante pour passer de la « déréglementation » à une plus grande généralisation de « l'amélioration » de la réglementation ou de la réglementation « intelligente ».

Dans certains pays, les motivations à déployer une AIR peuvent aussi inclure, implicitement ou explicitement, les objectifs suivants : imposer une discipline plus stricte aux régulateurs et organismes quasi indépendants jouissant de pouvoirs réglementaires, accroître la redevabilité des administrations à l'égard des opinions publiques, en finir avec les préjugés contre la réglementation (ou, plus modestement, réduire les coûts de mise en conformité pour les entreprises), ou plus simplement s'adapter à la pression internationale. Le présent document portera essentiellement sur la volonté d'élaborer des politiques à partir de données empiriques.

La mise en œuvre d'une AIR peut en outre être considérée par les fonctionnaires de l'administration comme un aspect essentiel du travail qui leur incombe, à savoir essayer de réduire l'impact de leurs inévitables biais comportementaux et erreurs commises dans les analyses et conseils qu'ils délivrent, comme par exemple :

- Présentation et formulation des informations (nos conclusions sont biaisées par la façon dont le problème est présenté, ou par notre expérience récente) ;
- Conformité et pensée collective (nous avons confiance dans les personnes que nous apprécions et nous tenons généralement à éviter les conflits ou à préserver la cohésion du groupe) ;
- Excès de confiance et biais d'optimisme (nous ne repérons pas les déficits de connaissances et ne sommes pas attentifs aux éventuels facteurs d'échec) ;
- Biais de confirmation et raisonnement motivé (nous exagérons ce qui nous convient mais ignorons ou réinterprétons ce qui ne nous convient pas).

Les données observées mettent en évidence les nombreux défis et défauts de mise en œuvre de l'AIR. Comme l'indique la publication « Politique de la réglementation : Perspectives de l'OCDE 2018 », dans de nombreux cas, « les aspects procéduraux sont devenus excessifs au sein de l'AIR, et l'AIR n'est pas ciblée sur les textes législatifs et réglementaires les plus importants, soit parce qu'il n'existe aucun système de tri, soit parce que des projets de textes dotés d'un impact important n'y sont pas soumis. De plus, les AIR qui sont menées se focalisent souvent sur des impacts économiques définis de façon étroite, tels que la charge réglementaire pesant sur les entreprises, en négligeant d'autres effets importants » (OCDE, 2018[2]).

L'OCDE a produit un large éventail de documents sur l'AIR (voir Encadré 1). Ses examens par pays de la réforme de la réglementation ainsi que ses programmes-pays promouvant la mise en œuvre de l'AIR ont contribué à une meilleure compréhension « sur le terrain » de ce qu'est cette analyse. Les perspectives de la politique de la réglementation de 2015 et 2018 ont permis d'en savoir plus sur la façon dont l'AIR est mise en œuvre, les difficultés rencontrées et les stratégies efficaces. De nouvelles données sont également disponibles concernant l'application de l'AIR à des domaines bien précis comme la croissance inclusive, les échanges, la politique environnementale et les transports (Deighton-Smith, Erbacci et Kauffmann, 2016[3]) ; (Basedow et Kauffmann, 2016[4]).

Encadré 1. Publications de l'OCDE sur l'analyse d'impact de la réglementation

(OCDE, 2018[2]), *Politique de la réglementation : Perspectives de l'OCDE 2018*, Éditions OCDE, Paris, https://doi.org/10.1787/9789264305458-fr.

(OECD, 2017[5]), « Chile Evaluation Report: Regulatory Impact Assessment », *Examens de l'OCDE de la réforme de la réglementation*, Paris, http://www.oecd.org/gov/regulatory-policy/Chile-Evaluation-Full-Report-web.pdf.

(Deighton-Smith, Erbacci et Kauffmann, 2016[3]), « Promoting inclusive growth through better regulation : The role of regulatory impact assessment », *OECD Regulatory Policy Working Papers*, n° 3, Éditions OCDE, Paris, https://doi.org/10.1787/5jm3tqwqp1vj-en.

(OCDE, 2016[6]), *Perspectives de l'OCDE sur la politique de la réglementation 2015*, Éditions OCDE, Paris, https://doi.org/10.1787/9789264245235-fr.

(OCDE, 2015[7]), *Regulatory Policy in Perspective : A Reader's Companion to the OECD Regulatory Policy Outlook 2015*, Éditions OCDE, Paris, https://doi.org/10.1787/9789264241800-en.

(Jacob, Ferretti et Guske, 2012[8]), *La durabilité dans les études d'impact : Examen des systèmes d'étude d'impact de quelques pays de l'OCDE et de la Commission européenne*, http://www.oecd.org/gov/regulatory-policy/sustainability%20in%20impact%20assessment%20sg-sd(2011)6-final.pdf.

(OCDE, 2012[1]), *Recommandation du Conseil concernant la politique et la gouvernance réglementaires*, Éditions OCDE, Paris, https://doi.org/10.1787/9789264209039-fr.

(Klaus et al., 2011[9]), *Integrating the Environment in Regulatory Impact Assessments*, Paris, http://www.oecd.org/gov/regulatory-policy/Integrating%20RIA%20in%20Decision%20Making.pdf.

(OCDE, 2009[10]), *L'analyse d'impact de la réglementation : Un outil au service de la cohérence des politiques, Examens de l'OCDE de la réforme de la réglementation*, Éditions OCDE, Paris, https://doi.org/10.1787/9789264067127-fr.

(OCDE, 2008[11]), *Introductory Handbook for Undertaking Regulatory Impact Analysis (RIA)*, Éditions OCDE, Paris, http://www.oecd.org/gov/regulatory-policy/44789472.pdf.

(OCDE, 2009[12]), *Construire un cadre institutionnel pour l'analyse d'impact de la réglementation (AIR) : Orientations destinées aux décideurs*, Éditions OCDE, Paris, https://doi.org/10.1787/9789264050105-fr.

(Rodrigo, 2005[13]), *Regulatory Impact Analysis in OECD Countries Challenges for developing countries*, Paris, http://www.oecd.org/gov/regulatory-policy/35258511.pdf.

(OCDE, 2004[14]), *Regulatory Impact Analysis (RIA) Inventory*, Paris, http://www.oecd.org/gov/regulatory-policy/35258430.pdf.

(OCDE, 1997[15]), *L'analyse de l'impact de la réglementation : Meilleures pratiques dans les pays de l'OCDE*, Éditions OCDE, Paris, https://doi.org/10.1787/9789264262157-fr.

S'appuyant sur cette multitude d'informations et de pratiques pertinentes, ces Principes constituent un outil synthétique visant à fournir aux décideurs, dirigeants, fonctionnaires et autres agents du secteur public du monde entier un instrument pratique qui les aidera à mieux concevoir et mettre en œuvre les dispositifs et stratégies de l'AIR. Si les Principes couvrent un large éventail d'organisations institutionnelles, d'outils et de pratiques garantissant l'efficacité de l'AIR, il est clair que les pays risquent de rencontrer plus de difficultés à mettre en œuvre cette analyse dans certains domaines que dans d'autres. Il peut aussi être utile de donner aux pays une liste d'étapes très importantes, ainsi que des recommandations concernant l'élaboration d'un cadre d'analyse. Il est donc proposé que les Principes soient complétés par des annexes portant sur des aspects du déploiement de l'AIR qui posent plus de problèmes aux pays, comme par exemple : comment adopter une méthode proportionnée pour mettre en œuvre l'AIR, comment évaluer l'ampleur des impacts et quels éléments clés doivent être en place pour élaborer un cadre d'analyse. Ces annexes seront rédigées ultérieurement après examen par les délégués de leur pertinence.

Ces Principes n'ont pas vocation à remplacer la *Recommandation du Conseil concernant la politique et la gouvernance réglementaires* de 2012 (en particulier le principe n° 4 ; voir Encadré 2), mais à compléter et accompagner sa mise en œuvre en fournissant des conseils pratiques et détaillés résultant de l'expérience et des informations recueillies dans le cadre des travaux sur les perspectives de la politique de la réglementation et des examens par pays.

Encadré 2. Recommandation du Conseil de l'OCDE concernant la politique et la gouvernance réglementaires (2012) : Principe n° 4

Intégrer l'analyse d'impact de la réglementation (AIR) dès le début du processus visant à formuler des projets de réglementation. Définir clairement les objectifs de politique recherchés, déterminer si l'instrument réglementaire est nécessaire et dans quelles conditions il peut être le plus efficace et le plus efficient pour atteindre ces objectifs. Réfléchir à des moyens autres que la réglementation, et faire ressortir les avantages et les inconvénients des différentes approches analysées pour établir laquelle est la meilleure.

4.1. Adopter des méthodes d'analyse d'impact *ex ante* proportionnées à l'importance de la réglementation et leur associer des analyses coûts-avantages élargies aux conséquences de la réglementation pour la qualité de la vie, compte tenu de ses effets économiques, sociaux et environnementaux, notamment des effets redistributifs qu'elle peut avoir au fil du temps, en précisant les bénéficiaires probables et ceux qui en supporteront les coûts.

4.2. Les politiques d'évaluation *ex ante* devraient exiger la mise en évidence d'un besoin précis, ainsi que de l'objectif (par exemple la nécessité de remédier à une défaillance du marché ou de protéger les droits des citoyens) qui justifie le recours à la réglementation.

4.3 Les politiques d'évaluation *ex ante* devraient prévoir l'examen d'autres moyens d'aborder les objectifs de l'action publique, notamment d'autres options réglementaires et de substituts à la réglementation permettant de définir et de choisir l'instrument ou la panoplie d'instruments les mieux indiqués pour atteindre ces objectifs. Il importe de toujours prendre en considération l'option consistant à maintenir le statu quo ou à s'en remettre au scénario de référence. L'évaluation *ex ante* doit, dans la plupart des cas, mettre en évidence les stratégies qui devraient produire le plus grand avantage net pour la collectivité, y compris des stratégies complémentaires associant réglementation, formation et normes volontaires.

4.4. Lorsque les projets de réglementation auraient d'importantes conséquences, l'évaluation *ex ante* des coûts, des avantages et des risques devrait être quantitative chaque fois que possible. Les coûts de la réglementation englobent les dépenses directes (frais administratifs, coûts financiers et dépenses d'investissement) et indirectes (coûts d'opportunité), que ces montants soient à la charge d'entreprises, de particuliers ou de l'État. Les évaluations *ex ante* doivent, le cas échéant, fournir une description qualitative des impacts qu'il est difficile, voire impossible, de quantifier, par exemple en matière d'équité, de justice et d'effets redistributifs.

4.4. L'analyse d'impact de la réglementation devrait, dans la mesure du possible, être mise à la disposition du public en même temps que les projets de réglementation. Elle doit être établie sous une forme appropriée et dans un délai suffisant pour permettre aux parties prenantes d'apporter leur contribution et pour aider à la prise de décision. Les bonnes pratiques supposent le recours à l'analyse d'impact de la réglementation dans le cadre du processus de consultation.

4.5. Les politiques d'évaluation *ex ante* devraient préciser que la réglementation vise à renforcer, non à compromettre, la concurrence et le bien-être des consommateurs et que, dans la mesure où une réglementation dictée par l'intérêt général risque d'avoir un impact à cet égard, les autorités devraient étudier les moyens de limiter les répercussions négatives et les évaluer attentivement par rapport aux avantages annoncés de la réglementation. Il convient notamment de déterminer si les objectifs de la réglementation ne peuvent être atteints par d'autres moyens moins restrictifs.

4.6. Lorsqu'ils réalisent une évaluation, les responsables devraient :

- évaluer les conséquences économiques, sociales et environnementales, si possible en termes quantitatifs et financiers, en tenant compte des effets possibles à long terme et en fonction de considérations géographiques ;
- déterminer si l'adoption d'instruments internationaux communs permettra d'apporter une réponse efficiente aux problèmes pratiques constatés par les autorités et favorisera la cohérence au niveau mondial en réduisant au minimum les perturbations des marchés nationaux et internationaux ;
- évaluer les effets sur les petites et moyennes entreprises et montrer comment les frais administratifs et le coût du respect de la réglementation sont réduits au minimum.

4.7. L'AIR devrait pouvoir s'appuyer sur des politiques claires, des programmes de formation, des orientations et des mécanismes de contrôle de la qualité pour la collecte et l'utilisation des données. Elle devrait être intégrée dès le début de l'élaboration des politiques et encouragée par les organismes publics et le centre de gouvernement.

Source : (OCDE, 2012[1]), *Recommandation du Conseil concernant la politique et la gouvernance réglementaires*, Paris, https://doi.org/10.1787/9789264209039-fr.

Les annexes à ces Principes, qui seront publiées sur le site Web de l'OCDE[2], porteront sur les sujets suivants :

- La définition des seuils et de la proportionnalité de l'AIR ;
- Le contrôle qualité de l'AIR ;
- L'évaluation quantitative des avantages de l'AIR ;

- L'AIR et l'innovation : tests y afférents ;
- Les connaissances comportementales et l'AIR ;
- L'AIR et la coopération internationale en matière de réglementation.

Références

Basedow, R. et C. Kauffmann (2016), « International Trade and Good Regulatory Practices : Assessing The Trade Impacts of Regulation », *OECD Regulatory Policy Working Papers*, n° 4, OECD Publishing, Paris, https://dx.doi.org/10.1787/5jlv59hdgtf5-en. [4]

Deighton-Smith, R., A. Erbacci et C. Kauffmann (2016), « Promoting inclusive growth through better regulation : The role of regulatory impact assessment », *OECD Regulatory Policy Working Papers*, n° 3, OECD Publishing, Paris, https://dx.doi.org/10.1787/5jm3tqwqp1vj-en. [3]

Jacob, K., J. Ferretti et A. Guske (2012), *Sustainability in Impact Assessments: A Review of Impact Assessment Systems in selected OECD countries and the European Commission*, OECD, http://www.oecd.org/gov/regulatory-policy/Sustainability%20in%20impact%20assessment%20SG-SD(2011)6-final.pdf. [8]

Klaus, J. et al. (2011), *Integrating the Environment in Regulatory Impact Assessments*, OECD, http://www.oecd.org/gov/regulatory-policy/Integrating%20RIA%20in%20Decision%20Making.pdf. [9]

OCDE (2018), *Politique de la réglementation : Perspectives de l'OCDE 2018*, Éditions OCDE, Paris, https://dx.doi.org/10.1787/9789264305458-fr. [2]

OCDE (2016), *Perspectives de l'OCDE sur la politique de la réglementation 2015*, Éditions OCDE, Paris, https://dx.doi.org/10.1787/9789264245235-fr. [6]

OCDE (2015), *Regulatory Policy in Perspective : A Reader's Companion to the OECD Regulatory Policy Outlook 2015*, OECD Publishing, Paris, https://dx.doi.org/10.1787/9789264241800-en. [7]

OCDE (2012), *Recommandation du Conseil concernant la politique et la gouvernance réglementaires*, Éditions OCDE, Paris, https://dx.doi.org/10.1787/9789264209039-fr. [1]

OCDE (2009), *Construire un cadre institutionnel pour l'analyse d'impact de la réglementation (AIR) : Orientations destinées aux décideurs*, Éditions OCDE, Paris, https://dx.doi.org/10.1787/9789264050105-fr. [12]

OCDE (2009), *L'analyse d'impact de la réglementation : Un outil au service de la cohérence des politiques*, Examens de l'OCDE de la réforme de la réglementation, Éditions OCDE, Paris, https://dx.doi.org/10.1787/9789264067127-fr. [10]

OCDE (2008), *Introductory Handbook for Undertaking Regulatory Impact Analysis (RIA)*, https://www.oecd.org/gov/regulatory-policy/44789472.pdf. [11]

OCDE (2004), *Regulatory Impact Analysis (RIA) Inventory*, http://www.oecd.org/gov/regulatory-policy/35258430.pdf. [14]

OCDE (1997), *L'analyse de l'impact de la réglementation : Meilleures pratiques dans les pays de l'OCDE*, Éditions OCDE, Paris, https://dx.doi.org/10.1787/9789264262157-fr. [15]

OECD (2017), *Chile Evaluation Report: Regulatory Impact Assessment*, http://www.oecd.org/gov/regulatory-policy/Chile-Evaluation-Full-Report-web.pdf. [5]

Rodrigo, D. (2005), *Regulatory Impact Analysis in OECD Countries: Challenges for Developing Countries*, OECD, http://www.oecd.org/gov/regulatory-policy/35258511.pdf. [13]

Notes

[1] Le champ d'application de l'AIR pourrait ne pas se limiter aux réglementations. Les choix stratégiques, les programmes de dépenses, les mandats de négociation et autres types de décisions des pouvoirs publics peuvent aussi tirer profit d'une AIR. Ces questions dépassent toutefois le champ d'observation du présent document.

[2] http://oe.cd/regpol.

2 Principes de bonne pratique concernant l'analyse d'impact de la réglementation

> **Encadré 2.1. Principes de bonne pratique concernant l'analyse d'impact de la réglementation**
>
> **1. Engagement en faveur de l'AIR et adhésion à l'initiative**
>
> - Les pouvoirs publics doivent :
>   - Définir ce que sont pour eux de « bonnes réglementations ».
>   - Appliquer l'AIR dans le cadre d'un plan global à long terme visant à améliorer la qualité de la réglementation.
>   - Créer un organe de contrôle de l'AIR, doté de compétences suffisantes.
>   - Créer des « contraintes internes et externes » crédibles afin de garantir que l'AIR sera effectivement mise en œuvre.
>   - Recueillir l'approbation de l'AIR par les instances politiques.
> - Obtenir le soutien des parties prenantes est essentiel.
> - Les pouvoirs publics doivent veiller à la transparence de la prise des décisions afin de permettre le contrôle du processus de l'AIR par la collectivité.
>
> **2. Gouvernance de l'AIR - Configuration ou conception appropriée du dispositif**
>
> - L'AIR doit être parfaitement coordonnée avec d'autres outils de gestion réglementaire et avoir lieu dans le contexte du cycle de la gouvernance de la réglementation.
> - L'AIR et sa mise en œuvre doivent être adaptées au système juridique et administratif ainsi qu'à la culture du pays.
> - Les pouvoirs publics doivent décider de mettre en œuvre l'AIR en une seule fois ou graduellement.
> - Les tâches relevant de l'AIR doivent être affectées avec soin.
> - Le contrôle efficace de la réglementation est une condition préalable indispensable à la réussite de l'AIR.
> - La méthode d'analyse doit être proportionnée à l'importance de la réglementation.
> - Les parlements doivent être encouragés à mettre en place leurs propres outils pour garantir la qualité de la réglementation et celle de l'AIR.

3. Incorporation de l'AIR via le renforcement de la capacité et de la redevabilité de l'administration

- Une formation adéquate doit être dispensée aux fonctionnaires.
- Les pouvoirs publics doivent publier des documents d'orientation détaillés.
- Seules de rares exceptions doivent être tolérées à la règle générale qui veut que l'AIR est obligatoire.
- L'obligation de rendre des comptes et des dispositifs axés sur les performances doivent être instaurés.

4. Adoption d'une méthode d'AIR ciblée et appropriée

- La méthode d'analyse d'impact doit être la plus simple et la plus flexible possible, sans omettre pour autant certains points essentiels.
- L'AIR ne doit pas toujours être comprise comme l'obligation de réaliser une analyse complète et quantitative des coûts-avantages d'une réglementation.
- L'adoption de stratégies de gouvernance des données réfléchies peut faciliter la production, la collecte, le traitement, l'accessibilité et le partage des données dans le contexte de l'AIR.
- Outre le fait qu'elle doive suivre toutes les phases de l'élaboration de la réglementation, l'AIR doit, pour être utile, commencer par la première phase du processus.
- Aucune analyse d'impact ne peut être fructueuse si l'on ne définit pas le contexte et les objectifs de l'action publique, et si l'on ne procède pas en particulier à l'identification systématique du problème.
- Toutes les alternatives plausibles doivent être prises en compte, y compris les substituts à la réglementation.
- Il est primordial de toujours mettre en évidence l'ensemble des coûts directs et indirects importants, ainsi que les avantages.
- Les parties prenantes doivent être systématiquement associées au processus de l'AIR.
- Les connaissances dans le domaine de l'économie et des sciences comportementales doivent, le cas échéant, être prises en compte.
- Toute analyse d'impact doit inclure l'élaboration de stratégies en matière de respect et de contrôle.
- L'AIR doit être perçue comme un processus itératif.
- Les résultats de l'AIR doivent être dûment rendus publics.

5. Suivi, évaluation et amélioration continus de l'AIR

- Il est important de vérifier les impacts réels des réglementations après leur mise en œuvre.
- Les dispositifs d'analyse d'impact doivent inclure un mécanisme de suivi, d'évaluation et d'amélioration. Cela suppose la mise au point anticipée de systèmes de collecte ou d'accès aux données.
- Une évaluation régulière et approfondie des effets de l'AIR sur la qualité (supposée) des décisions en matière de réglementation est indispensable.
- Il est important d'évaluer ces effets dans les cas où le rapport d'AIR ne correspond pas au texte final du projet.
- Il est important que les performances des organes de contrôle de la réglementation fassent l'objet d'une évaluation systématique.

Le processus de l'AIR doit inclure au minimum les étapes énoncées dans l'Encadré 2.2. Pour être satisfaisante, l'AIR doit présenter les caractéristiques suivantes :

- Commencer par la première phase du processus d'élaboration de la réglementation ;
- Mettre clairement en évidence le problème et les objectifs attendus du projet de réglementation ;
- Repérer et évaluer toutes les alternatives possibles raisonnables (y compris les substituts à la réglementation) ;
- Toujours essayer d'évaluer l'ensemble des coûts et avantages potentiels, à la fois directs et indirects ;
- S'appuyer sur les meilleures données empiriques et connaissances scientifiques raisonnablement accessibles ;
- Être conçue en consultation avec les parties prenantes, et faire l'objet d'une ample communication.

Encadré 2.2. Étapes de base du processus d'analyse d'impact de la réglementation

1. **Consultation et association des parties prenantes** – Utiliser les contributions de toutes les parties pouvant être concernées par la réglementation ainsi que des experts compétents à toutes les étapes du processus de l'AIR.
2. **Définition du problème** – Évaluer la nature et l'ampleur du problème qui doit être réglé par le projet de réglementation, de préférence en termes quantitatifs.[1]
3. **Objectif** – Énoncer clairement les finalités et objectifs du projet de réglementation.
4. **Description du projet de réglementation** – Décrire le cadre réglementaire existant et le projet de réglementation ; identifier les organismes administratifs et les institutions chargés de rédiger, mettre en œuvre et faire appliquer le projet ; exposer dans les grandes lignes le dispositif de mise en application de la réglementation et la stratégie envisagée pour contrôler son application.
5. **Recensement des alternatives** – Dresser la liste des alternatives envisageables pour résoudre le problème de départ, y compris les substituts à la réglementation.
6. **Analyse coûts-avantages** – Exposer clairement les coûts et les avantages attendus des alternatives recensées à l'étape précédente.
7. **Sélection de la meilleure solution** – Déterminer en quoi le projet de réglementation est préférable aux autres options envisagées.
8. **Élaboration du cadre d'évaluation et de suivi** – Décrire comment les effets de la réglementation seront évalués et déterminer à l'avance les données requises.

Note : L'AIR est un processus itératif, raison pour laquelle certaines de ces étapes peuvent être répétées en utilisant les informations tirées des étapes suivantes.
1. Une évaluation qualitative peut aussi être importante, par exemple pour les questions de santé publique.

Les Principes sont divisés en cinq sections :

1. Engagement en faveur de l'AIR et adhésion à l'initiative ;
2. Gouvernance de l'AIR - Configuration ou conception appropriée du dispositif ;
3. Incorporation de l'AIR via le renforcement de la capacité et de la redevabilité de l'administration ;
4. Adoption d'une méthode d'AIR ciblée et appropriée ;
5. Suivi, évaluation et amélioration continus de l'AIR.

Engagement en faveur de l'AIR et adhésion à l'initiative

Bien que l'AIR puisse être considérée comme un « processus d'élaboration de bonnes politiques », des forces peuvent naturellement empêcher son utilisation, comme par exemple l'inertie bureaucratique, la nécessité politique d'aller plus vite, la tentation d'adopter des projets sensibles sans examen préalable, etc. Il est donc nécessaire de concevoir des cadres qui garantiront la mise en œuvre de l'AIR et permettront de s'opposer aux forces visant à empêcher qu'elle n'ait lieu ou qu'elle réussisse, ainsi que d'introduire de la flexibilité qui devrait faciliter l'acceptation de l'initiative par les parties prenantes provenant de tous les secteurs de l'administration. La volonté politique a toujours été un élément important pour l'intégration réussie de l'AIR dans la politique réglementaire. Toutefois, la forme qu'elle prend est également importante.

Outre le soutien des acteurs de l'administration, l'adhésion des parties prenantes extérieures génère une demande en faveur d'une AIR de qualité. La mobilisation des acteurs clés du secteur privé, de la société civile, des médias et du parlement crée non seulement une demande d'AIR mais aussi des mécanismes qui accroissent la responsabilité des dirigeants et des fonctionnaires à l'égard de ces parties prenantes. La conséquence est que cela incite les responsables politiques, les législateurs et les régulateurs à apporter leur soutien à l'AIR. Le fait d'alimenter la « demande » d'une meilleure réglementation peut aider à incorporer l'AIR dans le cycle de la politique réglementaire.

Il existe de nombreuses façons pour les pouvoirs publics de montrer leur engagement à long terme en faveur de l'AIR. Pour faire en sorte que cet engagement et l'adhésion à l'initiative soient durables, **ils doivent** :

- **Indiquer clairement ce qu'ils considèrent comme une « bonne » réglementation,** à laquelle l'AIR doit contribuer. Plus généralement, les pouvoirs publics doivent expliquer que l'AIR a pour but de s'assurer que la réglementation respecte les principes de nécessité[1], d'efficacité[2], de proportionnalité[3], de prédictabilité[4], de transparence[5], de redevabilité[6], de simplicité[7] et d'inclusivité[8].

- **Appliquer l'AIR dans le cadre d'un plan global à long terme visant à améliorer la qualité de la réglementation.** À elle seule, l'AIR ne suffira jamais à améliorer la qualité de la réglementation ; elle doit être associée à d'autres outils de réforme de la réglementation comme la consultation, ou l'adoption d'une approche du « cycle d'élaboration des politiques » prévoyant le suivi, l'évaluation *ex post*, et l'examen périodique de la législation existante (voir aussi prochainement la publication « OECD Best Practice Principles on Stakeholder Engagement and on Reviewing the Stock of Regulation »).

- **Créer un organe de contrôle de l'AIR, doté de compétences suffisantes.** Selon le système de gouvernance qui est en place, cet organe doit, de préférence, dépendre directement de l'administration centrale du pays, car l'AIR est un processus horizontal. Le niveau d'engagement politique en faveur de l'AIR est plus élevé lorsque les pouvoirs publics créent un cadre institutionnel favorisant le renforcement du contrôle de la mise en œuvre de l'AIR. Cet aspect, qui détermine la mise en place efficace de l'AIR, est également lié à la nécessité pour les gouvernements de « manifester » leur engagement aux parties prenantes extérieures, ainsi qu'aux fonctionnaires de l'administration et d'autres institutions (voir aussi la section suivante).

- **Créer des « contraintes internes » crédibles.** L'engagement en faveur de l'AIR sera d'autant plus crédible que les pouvoirs publics créeront des contraintes procédurales internes rendant l'AIR (presque) inévitable. Ces contraintes internes peuvent être les suivantes :
    - un système structuré de planification de la réglementation qui encourage les administrations à travailler sur les projets de réglementation suffisamment tôt pour permettre d'insérer l'AIR dans le processus réglementaire ;

- o l'obligation pour tous les nouveaux projets de réglementation (ou tout au moins ceux qui sont importants ou ont des impacts majeurs) d'être accompagnés d'un document d'AIR qui devra être présenté en temps voulu pour permettre de recueillir les commentaires de l'organe de contrôle ;
- o la création dans chaque ministère d'unités dédiées à l'AIR dotées de capacités d'analyse suffisantes, chargées de coordonner les travaux de l'AIR et clairement incitées à promouvoir la rédaction de solides rapports d'AIR au sein de leur administration ;
- o des incitations budgétaires pour faire respecter les obligations liées à l'AIR, selon le système administratif du pays concerné. Cela peut aussi inclure la restriction des ressources budgétaires pour les organismes publics qui, systématiquement, ne respectent pas l'obligation de réaliser une AIR[9].

- **Créer des « contraintes externes » garantissant la mise en œuvre de l'AIR.** Les contraintes externes sont également utiles pour accroître le niveau d'engagement des pouvoirs publics manifesté aux parties prenantes extérieures. Ces contraintes externes peuvent être les suivantes :
  - o l'engagement en faveur de « l'ouverture de l'administration », et notamment d'un processus de consultation ouverte et participative suffisamment étendue et menée en temps voulu sur les décisions importantes ;
  - o la publication de rapports annuels sur la base d'indicateurs bien définis, permettant de suivre l'état d'avancement des pouvoirs publics dans la mise en œuvre de l'AIR ;
  - o la création d'organes représentatifs spécialisés, chargés de représenter des intérêts externes spécifiques, liés à l'administration ou non[10] ;
  - o l'adoption de « grilles » particulières dans la méthode de conduite de l'AIR, afin de s'assurer que les pouvoirs publics prendront en considération, pour l'ensemble des politiques envisagées, certains impacts bien précis, et que le défaut de prise en compte de ces impacts pourra donner lieu à des mesures correctrices allant même jusqu'à l'invalidation du texte officiel par des tribunaux administratifs ou constitutionnels, le Conseil d'État, etc. (par exemple, évaluation de l'impact sur le principe de la priorité aux « petits », la protection des consommateurs, les échanges, les droits fondamentaux, etc.)[11] ;
  - o la possibilité pour les organes institutionnels autres que l'administration à jouer un rôle d'égal à égal dans l'examen régulier ou ponctuel de la qualité du processus de l'AIR, et/ou dans l'analyse approfondie de la qualité de chaque AIR réalisée ;
  - o la réalisation auprès des fonctionnaires, des responsables de l'action publique et/ou des parties prenantes extérieures d'enquêtes sur la perception de la capacité des pouvoirs publics à réaliser des AIR de grande qualité pour obtenir des réglementations plus satisfaisantes.

- **Recueillir l'approbation de l'AIR par les instances politiques.** Un élément clé pour renforcer l'AIR et la crédibilité de l'engagement des pouvoirs publics en faveur de la réforme de la réglementation est la stabilité des réformes proposées. C'est pourquoi il est capital de recueillir un consensus auprès de tous les partis (deux ou plus, selon le niveau de fragmentation du paysage politique du pays). L'obtention de ce consensus est par exemple possible en :[12]
  - o recueillant la plus large adhésion politique possible au sujet de la réforme de la réglementation proposée et de la méthode employée pour l'AIR ;
  - o désignant un organe de contrôle indépendant ou une commission parlementaire[13] ;
  - o introduisant l'obligation de réaliser une AIR dans la législation du pays (voire dans la Constitution[14]) afin d'en faire une règle générale qui sera appliquée au processus réglementaire pour les générations à venir.

Obtenir le soutien des parties prenantes est essentiel, à la fois pour recueillir un consensus au sujet de la stratégie d'amélioration de la réglementation et pour bénéficier de l'appui durable de groupes de population clés. Dans la plupart des pays qui ont introduit l'AIR avec succès, l'administration centrale a réussi à convaincre les fonctionnaires de la nécessité de réaliser des AIR de qualité en suscitant des attentes auprès des parties prenantes extérieures et en maintenant constamment le dialogue avec elles. Un aspect important est que le fait de communiquer sur l'AIR et d'autoriser la consultation des documents qui s'y rapportent peut aussi améliorer la qualité du débat et celle du rapport d'AIR final. Cela peut aussi favoriser la création et le développement de groupes de réflexion, d'associations professionnelles et d'associations de consommateurs, qui ont besoin d'accroître leur capacité à répondre rapidement aux consultations des pouvoirs publics.

Les pouvoirs publics doivent veiller à la transparence de la prise des décisions afin de permettre le contrôle du processus de l'AIR par la collectivité. La consultation du projet de rapport d'AIR est particulièrement utile car elle peut renseigner sur la structure du document, les données utilisées, les options alternatives sélectionnées, les critères retenus pour comparer les options, ainsi que la qualité globale de l'analyse effectuée pour retenir une option d'intervention particulière. En d'autres termes, il s'agit plus d'une consultation technique que politique (ce dernier s'intéressant au contenu de la réglementation et pouvant être mené ultérieurement ou en parallèle) qui peut, en tant que telle, permettre aux pouvoirs publics de recueillir de précieuses informations et d'éviter de commettre de grossières erreurs dès le départ.

Gouvernance de l'AIR – Configuration ou conception appropriée du dispositif

Outre l'obtention d'un consensus au sujet de la réalisation d'une AIR – composé à la fois d'une volonté politique ainsi que du soutien des parties prenantes et des fonctionnaires –, un autre élément clé sur lequel repose la réussite d'une analyse d'impact est sa gouvernance. Effectuer les bons choix sur un certain nombre de points ayant trait à la gouvernance est essentiel pour susciter une dynamique vertueuse ainsi que des incitations suffisantes au sein de l'administration.

L'AIR doit être parfaitement coordonnée avec d'autres outils de gestion réglementaire et avoir lieu dans le contexte du cycle de la gouvernance de la réglementation[15]. En plus de réaliser une AIR *ex ante*, une administration dite réactive doit collecter des données, produire des indicateurs de suivi et d'évaluation, mais également effectuer une évaluation *ex post*, qui permet de déterminer s'il est nécessaire d'engager d'autres actions et de procéder à une nouvelle évaluation *ex ante*. Il est toujours préférable d'évaluer les réglementations existantes avant d'en élaborer de nouvelles. La connaissance de l'ensemble du cycle de l'action publique est très importante pour une administration qui envisage de réaliser une AIR. L'AIR ne peut être fructueuse sans un système de planification de la législation fonctionnel. De même, les phases de déploiement et de contrôle de l'application de la réglementation doivent être intégrées au processus de l'AIR (quelle institution sera chargée de faire respecter la réglementation, comment le public concerné par la réglementation sera informé, etc.). L'AIR doit en outre être coordonnée avec d'autres processus d'évaluation éventuels (par exemple, l'examen du coût de la réglementation ou des dépenses y afférentes dans le cadre du processus budgétaire). L'AIR doit également s'appuyer, le cas échéant, sur les indicateurs de données et d'évaluation existants (par exemple, dans les pays mesurant le suivi des performances dans le cadre du processus budgétaire, les indicateurs seront ceux établis par le ministère des Finances et vérifiés par l'organisme de contrôle des comptes).

L'AIR et sa mise en œuvre doivent être adaptées au système juridique et administratif ainsi qu'à la culture du pays, comme par exemple le niveau des compétences et des ressources, la localisation des compétences au sein (ou en dehors) de l'administration, le niveau de consensus entre les parties prenantes extérieures, ainsi que l'existence d'une culture d'ouverture au sein de l'administration et parmi les parties prenantes. Les voies conduisant à la mise en place d'une AIR fructueuse sont très nombreuses :

compte tenu de la diversité des dispositifs d'analyse d'impact, les modes de mise en œuvre existant à l'échelle mondiale sont très variés. Quoi qu'il en soit, l'objectif ultime doit toujours être la mise en place d'un cadre d'analyse à part entière et son amélioration au fil du temps, notamment en ce qui concerne les ressources et les compétences au sein de l'administration.

Les pouvoirs publics doivent décider de mettre en œuvre l'AIR en une seule fois ou graduellement. Compte tenu des ressources limitées et de la faible expérience en matière d'AIR, une mise en œuvre progressive de l'analyse peut être conseillée pour la plupart des pays. Lorsque l'AIR est mise en œuvre, l'élaboration d'un plan avec des objectifs mesurables est recommandée. Une fois que les conditions préalables de base sont satisfaites, ou tout au moins planifiées, différentes options sont possibles pour mettre en place graduellement l'AIR, comme indiqué ci-dessous :

- Commencer par une phase pilote, puis institutionnaliser l'AIR pour toutes les réglementations ou celles qui sont importantes ;
- Utiliser dans un premier temps une méthode simple et la développer ultérieurement ;
- Commencer à appliquer l'AIR à quelques institutions, avant de l'étendre aux autres ;
- Commencer avec les principaux projets de réglementation, puis abaisser le seuil pour couvrir les réglementations moins importantes ;
- Commencer par les réglementations contraignantes puis continuer avec les instruments juridiques non contraignants ;
- Commencer par une analyse qualitative à critère simple ou multicritères, puis passer progressivement à une analyse quantitative (analyse coûts-avantages ou autre) ;
- Commencer par une AIR réalisée par quelques experts seulement pour aller vers une répartition plus large des responsabilités.

Les tâches relevant de l'AIR doivent être affectées avec soin. Dans la mesure où les projets de réglementation proviennent des organismes publics, ce sont également eux qui sont chargés de la préparation de l'AIR. Bien que certains pays fassent appel à des consultants externes pour mener à bien certains des volets de la phase de démarrage (par exemple, des projets pilotes ou les étapes de lancement), il est important que l'administration se dote d'une équipe référente « polyvalente »[16], c'est-à-dire composée d'individus possédant des formations et des compétences diverses. La création, lorsque c'est possible, de groupes interdisciplinaires (y compris interministériels) est essentielle pour que l'AIR soit équilibrée et réalisée par des individus dotés d'un large éventail de compétences. La désignation, au sein des ministères ou des services administratifs, d'une unité possédant une expertise en matière d'AIR peut s'avérer capitale car elle répond à la nécessité de disposer dans chaque administration de quelques experts dotés de compétences avancées. Cela nécessite en retour un solide organe de contrôle capable de contester les conclusions auxquelles sont parvenus les experts.

Le contrôle efficace de la réglementation est une condition préalable indispensable à la réussite de l'AIR. La Recommandation du Conseil concernant la politique et la gouvernance réglementaires prévoit qu'un organe de contrôle doit être établi « à proximité du centre du gouvernement, pour faire en sorte que la réglementation serve la politique du gouvernement dans son ensemble ». Les pouvoirs de cet organe doivent être énoncés dans le mandat (par exemple une loi ou un décret) et l'organe doit, dans l'accomplissement de ses fonctions, être indépendant de toute influence politique. Selon le système juridique et administratif du pays, l'administration doit décider d'établir l'organe de contrôle en son sein ou en dehors ; dans le premier cas, elle doit également déterminer dans lequel de ses services l'établir. L'organe de contrôle doit en outre être indépendant de l'organisme ayant élaboré le projet de réglementation soumis à l'AIR. Il doit avoir un mandat clair et disposer d'instruments adaptés.

La méthode d'analyse doit être proportionnée à l'importance de la réglementation. L'AIR doit être conçue avec soin et être proportionnée à l'impact de la réglementation. Les décideurs doivent privilégier les AIR portant sur des projets de réglementation susceptibles d'avoir des effets très importants sur la société, et veiller à ce que tous les projets de ce type fassent l'objet d'une AIR. L'ampleur de l'analyse doit dépendre de l'importance de la réglementation concernée. Lorsqu'elle est réalisée dans les règles de l'art, l'AIR nécessite du temps et des ressources. Pour un ciblage convenable des analyses, il est recommandé de se concentrer sur les mesures réglementaires les plus importantes et ayant le plus de répercussions. Tous les projets de réglementation ne doivent pas faire l'objet du même niveau d'analyse. La sélection des projets peut se faire selon les critères suivants :

- seuils quantitatifs (par exemple, lorsque les répercussions sont évaluées à plus de 100 millions USD aux États-Unis) ;
- ensemble de critères (ampleur des effets sur la concurrence, l'ouverture du marché, l'emploi, la productivité, l'innovation et l'investissement, et nombre de personnes concernées) ;
- nombre de critères devant être remplis simultanément [17] ;
- principe général de l'analyse proportionnelle (tel qu'appliqué par la Commission européenne). Le choix du niveau d'analyse peut être laissé à l'appréciation de l'administration, sur la base du principe de proportionnalité. Ce choix passe toutefois par l'examen d'un organe de contrôle apte à intervenir et à suggérer une analyse plus approfondie si ce principe n'a pas été respecté.

Il est très important que le critère du seuil soit appliqué de façon transparente, et que les résultats soient rendus publics. Un autre aspect crucial est le contrôle visant à s'assurer que l'AIR porte sur les réglementations les plus importantes.

De nombreux pays ont mis en place plusieurs niveaux d'AIR (« superficielle »/préliminaire, par opposition à « approfondie »). Dans le cadre d'une approche en deux étapes, l'AIR préliminaire permet de mettre en évidence les réglementations qui devraient faire l'objet d'une analyse approfondie. Un filtre est donc appliqué à la majorité des projets de réglementation, et une AIR complète n'est réalisée que sur certains d'entre eux, en fonction des seuils définis. Le fait qu'une réglementation respecte des normes internationales ou des dispositions supranationales est utilisé dans certains pays comme un critère pour ne pas réaliser d'AIR approfondie. Cela peut être dangereux car la réglementation concernée pourrait avoir des impacts importants et nécessiter tout de même une analyse approfondie de certains d'entre eux. D'autres critères pouvant être utilisés pour décider d'effectuer une AIR approfondie sont les effets potentiels d'une réglementation sur la compétitivité de l'économie ou un impact excessif sur un secteur ou un groupe de parties prenantes.

Les parlements doivent être encouragés à mettre en place leurs propres outils pour garantir la qualité de la réglementation et celle de l'AIR. En tant qu'institutions chargées d'adopter la législation, les parlements peuvent suivre et contrôler l'application des principes de la qualité réglementaire à tout nouveau texte ou à toute modification d'un texte existant. Ils doivent donc faire un usage constructif des AIR de l'administration et vérifier leur exhaustivité (et, si possible, leur qualité). En effet, les pratiques réglementaires ne peuvent pas être un « copier-coller » de celles du pouvoir exécutif et doivent être conçues avec le plus grand soin pour s'inscrire dans le cadre législatif.

Incorporation de l'AIR via le renforcement de la capacité et de la redevabilité de l'administration

Il est important que l'AIR soit incorporée aux processus d'élaboration des politiques et de prise de décisions existants. Lorsque l'AIR est une initiative « indépendante », elle ne fait pas partie du cycle de la gouvernance de la réglementation et n'a par conséquent que des effets limités – voire aucun – sur la conception de la réglementation/les résultats/le bien-être de la population. L'AIR doit être intégrée aux rouages de l'administration et à l'organe décisionnel du gouvernement tel que le Cabinet ou le Conseil des ministres.

Les pouvoirs publics doivent avoir conscience, et expliquer aux parties prenantes, que l'AIR et l'amélioration de la réglementation sont un investissement à moyen et long terme pour assurer la qualité de la réglementation et du débat politique dans le pays : plutôt qu'un remède permettant de résoudre tous les problèmes en un temps restreint, l'AIR et les autres outils d'amélioration de la réglementation (comme l'évaluation *ex post*) peuvent initier un processus d'apprentissage qui permettra d'améliorer progressivement la législation avec l'aide de l'ensemble des parties prenantes.

Une formation adéquate doit être dispensée aux fonctionnaires pouvant être chargés de rédiger les documents de l'AIR ainsi que de comprendre l'analyse et de l'utiliser dans leurs tâches quotidiennes. Cette formation doit donc non seulement délivrer des techniques de base pour définir les problèmes, fixer les objectifs de la politique publique, recenser des solutions alternatives, évaluer les impacts, faire participer les parties prenantes et mettre en œuvre une AIR, mais aussi fournir des exemples pratiques et des études de cas concrètes. Des projets pilotes peuvent être mis en place pour améliorer le ciblage et la pertinence de cette formation, afin de recueillir plus facilement l'adhésion des régulateurs qui devront mettre en œuvre l'AIR. Ces projets peuvent aller du déploiement à grande échelle de l'AIR dans certains services de l'administration jusqu'à des ateliers très restreints d'une demi-journée visant à examiner une AIR particulière avec les responsables de l'action publique et les parties prenantes (Adelle et al., 2015[1]). La compétence et l'engagement des fonctionnaires étant deux ingrédients indispensables à la réussite d'une AIR, il est capital de convaincre les intéressés de l'utilité d'une telle analyse. Les compétences sont primordiales dans le contexte d'une AIR : rédiger et déchiffrer un document d'analyse est une tâche très délicate, qui nécessite de bonnes connaissances ainsi qu'une aptitude à communiquer et à diffuser des informations appropriées. La formation ne doit toutefois pas être une expérience isolée : elle ne permettra de motiver les fonctionnaires que s'ils savent qu'ils seront récompensés de leur capacité à gérer l'AIR dans leurs tâches quotidiennes.

Les pouvoirs publics doivent publier des documents d'orientation détaillés, qui abordent généralement à la fois les procédures requises et les questions de fond relatives à la préparation d'une AIR. Des conseils concernant les diverses techniques d'analyse doivent également être dispensés. Compte tenu du niveau de complexité de ces techniques (comme l'analyse coûts-avantages), les documents d'orientation généraux sur l'AIR renvoient parfois les lecteurs à d'autres documents plus détaillés. Plus récemment, un certain nombre de pays ont mis au point des logiciels pouvant être utilisés pour faciliter l'élaboration de l'AIR[18]. Dans certains pays, ces outils de calcul sont également mis à la disposition des parties prenantes, qui peuvent ainsi évaluer les coûts des réglementations (actuelles, en projet ou futures) ou de leurs modifications.

Seules de rares exceptions doivent être tolérées à la règle générale qui veut que l'AIR est obligatoire[19]. Il existe des cas légitimes (par exemple, une loi budgétaire, des questions de sécurité nationale) et exceptionnels (par exemple, une urgence ou des sujets sensibles liés au marché) dans lesquels l'AIR n'est pas obligatoire. Toutefois, un trop grand nombre d'exceptions à l'obligation de réaliser une AIR peut devenir un alibi pour les administrations, qui pourraient en arriver à rechercher la meilleure excuse possible pour reporter ou ne pas effectuer l'analyse.

L'obligation de rendre des comptes et des dispositifs axés sur les performances doivent être instaurés en fonction du système juridique et administratif du pays. Cela peut inclure par exemple :

- la mention du nom de la personne responsable de chaque projet de réglementation qui est soumis par l'administration et publié en ligne ;
- la signature des déclarations d'impact de la réglementation par les ministres/hauts fonctionnaires/chefs de services responsables ;
- la prise en compte des travaux réalisés en matière d'AIR dans l'évaluation des performances et de la productivité des fonctionnaires ;
- l'intégration des compétences en matière d'AIR dans les critères de promotion applicables pour certains postes de hauts fonctionnaires de l'administration.

Adoption d'une méthode d'AIR ciblée et appropriée

On dit souvent qu'il n'existe pas de formule « standard » pour appliquer l'AIR. Il en est vraisemblablement de même concernant la méthode de réalisation de l'AIR. L'analyse coûts-avantages (ACA) est une méthode qui a porté ses fruits, mais sa complexité varie selon les pays, voire au sein d'un même pays. Les autres méthodes d'analyse sont la comparaison des impacts positifs et négatifs, l'évaluation qualitative et quantitative, l'analyse multicritères, l'analyse d'équilibre général et partiel, ainsi que l'évaluation des effets directs et indirects. La méthode d'AIR utilisée doit en premier lieu répondre à l'objectif de l'analyse ainsi qu'au contexte et aux capacités de l'administration.

La méthode d'analyse d'impact doit être la plus simple et la plus flexible possible, sans omettre pour autant certains points essentiels. Cela est particulièrement vrai lors de la phase « de démarrage ». La capacité à s'adapter aux besoins des décideurs est capitale pour préserver la pertinence de l'AIR ; cela peut aussi permettre de surmonter l'un des principaux obstacles à la mise en œuvre de l'analyse, à savoir la perception officielle par le secteur public que l'AIR est une tâche démesurée et infaisable. Cette adaptation peut se traduire par exemple par la réduction dans certains cas de l'ampleur de l'analyse coûts-avantages (voir ci-dessous) ou la suppression de l'analyse quantitative si aucune donnée objective n'est disponible.

L'AIR ne doit pas toujours être comprise comme l'obligation de réaliser une analyse complète et quantitative des coûts-avantages d'une réglementation. Une évaluation complète des impacts macroéconomiques suppose obligatoirement une modélisation économique complexe. Il est peu probable que cette technique soit réalisable dans la majorité des cas, vu la pénurie générale de compétences et de moyens disponibles pour les AIR dans la plupart des pays. Dans ces conditions, imposer des analyses nettement plus exigeantes fondées sur des modèles d'équilibre général risque d'avoir des effets pervers, dans la mesure où il y aura détournement de moyens au détriment des éléments de l'AIR les plus réalisables. Plusieurs méthodes peuvent être utilisées pour comparer les impacts positifs et négatifs de la réglementation, notamment l'évaluation qualitative et quantitative, l'analyse coûts-avantages, l'analyse multicritères, ainsi que l'analyse d'équilibre général et partiel. Plutôt que de toujours réaliser une analyse quantitative des coûts-avantages, il est primordial que les fonctionnaires chargés de l'AIR recensent tous les impacts directs et indirects possibles des autres options pouvant en principe traiter et résoudre le problème mis en évidence (pour des exemples des diverses méthodes disponibles, voir Encadré 2.3). Cela dit, l'objectif de l'administration mettant en œuvre l'AIR doit être d'y intégrer une analyse coûts-avantages.

Encadré 2.3. Choisir la bonne méthodologie : vers des méthodes d'AIR plus élaborées ?

L'une des principales difficultés dans la réalisation d'une AIR est de choisir la bonne méthodologie pour évaluer les impacts et comparer les options alternatives en matière de réglementation. Une première décision importante consiste à choisir entre une analyse d'équilibre général ou partiel. La première version de cette analyse nécessite généralement des capacités de modélisation et ne peut donc être mise en œuvre que lorsqu'un certain nombre de conditions particulières sont réunies : les impacts indirects doivent être importants et répartis sur plusieurs secteurs économiques ; des compétences suffisantes doivent être disponibles au sein de l'administration, ou l'analyse doit pouvoir être confiée à un groupe de chercheurs fiables et très qualifiés faisant partie ou non de l'administration. Ce type d'analyse a la préférence de nombreux experts car elle permet de rendre compte d'impacts indirects très dispersés. Il est probable cependant qu'une écrasante majorité d'administrations vont continuer pour l'heure à préférer l'analyse d'équilibre partiel. Cela dit, lorsqu'une réglementation aura des conséquences concrètes sur un ou plusieurs marchés étroitement liés ou des répercussions diverses et profondes dans toute l'économie, une analyse d'équilibre général sera alors nécessaire.

> Lors d'une analyse d'équilibre partiel, les options méthodologiques disponibles sont les suivantes :
>
> - La méthode du moindre coût examine uniquement les coûts, afin de sélectionner l'option de réglementation la plus avantageuse financièrement. Cette méthode est généralement choisie lorsque les avantages sont sûrs et que la seule question qui se pose aux administrations est de déterminer comment en profiter.
> - L'analyse coût-efficacité (ACE) consiste à quantifier (et non à monétiser) les avantages qui seraient obtenus avec un dollar dépensé aux frais de la collectivité. La méthode couramment utilisée pour comparer les options disponibles est donc le ratio coûts/avantages, qui consiste à diviser les avantages par les coûts. Elle est généralement mise en œuvre pour tous les programmes de dépenses car elle permet, pour plusieurs d'entre eux, de déterminer la rentabilité des sommes investies. L'ACE permet de répondre à une question courante : « Combien d'emplois seront créés avec un dollar dépensé pour cette option ? » ou « Combien de vies seront sauvées avec un euro dépensé pour cette option ? ».
> - L'analyse coûts-avantages (ACA) consiste à monétiser l'ensemble (ou les plus importants) des coûts et des avantages liés aux alternatives viables disponibles. Dans sa forme la plus courante, elle ne s'intéresse pas aux effets redistributifs mais uniquement à la réglementation qui présente l'avantage net le plus important pour la société. Par conséquent, la méthode d'ACA la plus répandue est le calcul des « avantages nets » (obtenus en soustrayant les coûts des avantages), qui diffère du ratio coûts/avantages généralement utilisé dans l'analyse coût-efficacité (obtenu en divisant les avantages par les coûts).
> - L'analyse multicritères permet de comparer les options alternatives qui s'offrent aux pouvoirs publics en fonction d'un ensemble de critères préétablis. Ces critères peuvent être par exemple l'impact sur les PME, le degré de protection des droits fondamentaux, la protection des consommateurs, etc. Ce type d'analyse est particulièrement utile lorsque la réglementation faisant l'objet de l'AIR doit remplir des objectifs bien précis, auquel cas elle permet d'assurer la cohérence de l'action publique. Elle est également plus susceptible de rendre compte des effets redistributifs, même si cela dépend beaucoup des critères choisis pour l'évaluation.
>
> Source : (OCDE, 2015[2]), « Regulatory Impact Assessment and regulatory policy », dans *Regulatory Policy in Perspective : A Reader's Companion to the OECD Regulatory Policy Outlook 2015*, Éditions OCDE, Paris, https://doi.org/10.1787/9789264241800-5-en.

L'adoption de stratégies de gouvernance des données réfléchies peut faciliter la production, la collecte, le traitement, l'accessibilité et le partage des données dans le contexte de l'AIR. Il est utile de rappeler l'importance que l'élaboration des politiques s'appuie sur des données empiriques. À cet égard, la mise à profit des données et des nouvelles technologies (par exemple, les données massives et l'intelligence artificielle) peut aider à améliorer la conception, la mise en œuvre, le suivi ainsi que l'évaluation des impacts de l'action publique et de la réglementation (OCDE, s.d.[3]). Il faut pour cela faire appel à des détenteurs de données pertinentes et employer toutes les sources potentielles de données objectives (universités, instituts de statistiques, etc.) pour permettre aux pouvoirs publics de prendre les meilleures décisions possibles sur la base des informations les plus complètes et les plus fiables. Ainsi, comme le montre le rapport *Axer le secteur public sur les données : marche à suivre* publié par l'OCDE en 2019 (OCDE, s.d.[3]), les pays de l'OCDE utilisent de plus en plus, dans leur travail de réglementation, un cadre commun pour la gouvernance des données (voir Encadré 2.4). Cette amélioration de l'accessibilité et du partage des données permet de définir correctement les problèmes, d'analyser soigneusement les solutions alternatives disponibles, ainsi que d'évaluer les coûts de mise en application et de contrôle de chacune des possibilités d'action dont disposent les pouvoirs publics. Le recours accru aux instituts de statistiques et à d'autres détenteurs de données pertinentes au sein et en dehors du secteur public est capital pour simplifier la gestion des données et pour adopter des pratiques de traitement des données en temps réel pouvant faciliter l'accès à des sources fiables utilisables pour l'AIR. Cela concerne par exemple les données détaillées et en constante évolution sur l'efficacité de la législation existante, la perception qu'en ont les citoyens et les entreprises, la qualité des règles en vigueur ainsi que l'impact potentiel de facteurs exogènes à court et moyen termes. La possibilité d'utiliser et de traiter des données massives pour améliorer la conception des réglementations est actuellement à l'étude dans de nombreux pays et devrait être pleinement exploitée à l'avenir.

Encadré 2.4. Pays-Bas : promotion d'un cadre commun de gouvernance des données dans le contexte de la mise en application de la réglementation

La définition d'un cadre commun de gouvernance des données (incluant les réglementations, les outils et les normes de fédération de données) dans le contexte de l'activité de réglementation peut favoriser l'intégration des données et accroître l'adoption de bonnes pratiques en matière de gestion des données. Le modèle de gouvernance des données du secteur public de l'OCDE (voir Graphique 2.1) comprend un ensemble d'éléments et de composants pouvant aider les administrations, ministères de tutelle, organismes publics et organisations du secteur public à adopter des pratiques en matière de partage et d'accessibilité des données, lesquelles peuvent être facilitées par l'utilisation d'outils et de nouvelles technologies (par exemple : données massives, données liées, API). Ce modèle est adaptable et transposable, et peut donc être utilisé dans des organisations, niveaux d'administration, domaines d'action publique, secteurs et pays différents.

Graphique 2.1. La gouvernance des données dans le secteur public

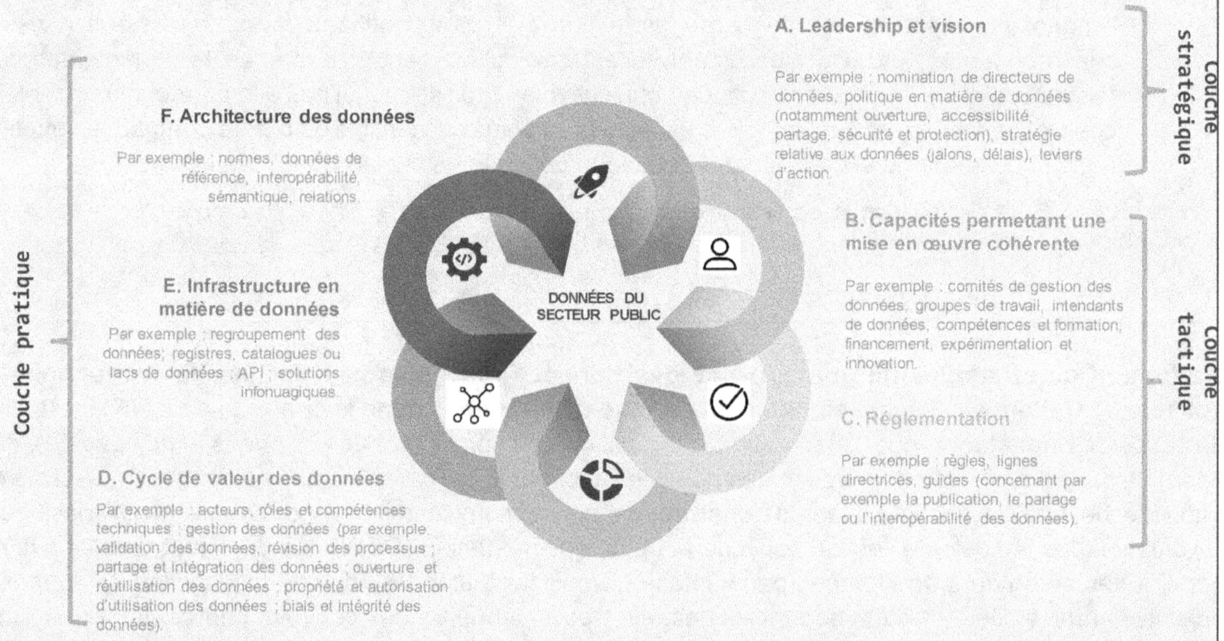

Couche pratique

F. Architecture des données
Par exemple : normes, données de référence, interopérabilité, sémantique, relations.

E. Infrastructure en matière de données
Par exemple : regroupement des données ; registres, catalogues ou lacs de données ; API ; solutions infonuagiques.

D. Cycle de valeur des données
Par exemple : acteurs, rôles et compétences techniques ; gestion des données (par exemple validation des données, révision des processus ; partage et intégration des données ; ouverture et réutilisation des données ; propriété et autorisation d'utilisation des données ; biais et intégrité des données).

DONNÉES DU SECTEUR PUBLIC

A. Leadership et vision
Par exemple : nomination de directeurs de données, politique en matière de données (notamment ouverture, accessibilité, partage, sécurité et protection), stratégie relative aux données (jalons, délais), leviers d'action.

B. Capacités permettant une mise en œuvre cohérente
Par exemple : comités de gestion des données, groupes de travail, intendants de données, compétences et formation, financement, expérimentation et innovation.

C. Réglementation
Par exemple : règles, lignes directrices, guides (concernant par exemple la publication, le partage ou l'interopérabilité des données).

Couche stratégique

Couche tactique

Source : (OCDE, 2020[4]), *Axer le secteur public sur les données : marche à suivre*, Éditions OCDE, Paris, https://dx.doi.org/10.1787/0090312e-fr.

Pour que l'action publique porte ses fruits, **l'AIR doit suivre toutes les phases de l'élaboration de la réglementation et commencer par la première phase du processus**, lorsqu'il y a un réel intérêt à trouver la solution la plus satisfaisante et qu'il est possible d'envisager des alternatives à la réglementation. C'est uniquement si l'AIR est engagée à un stade précoce de l'élaboration d'une politique qu'il est véritablement possible d'espérer qu'elle fasse partie intégrante du processus, au lieu de rester une simple obligation séparée, fondée sur des procédures à suivre, prenant la forme d'une justification a posteriori d'un choix stratégique déjà opéré.

Aucune analyse d'impact ne peut être fructueuse si l'on ne définit pas le contexte et les objectifs de l'action publique, et si l'on ne procède pas en particulier à l'identification systématique du problème qui est à l'origine de l'action des pouvoirs publics. Lorsqu'elles évaluent la nécessité – signalée par l'AIR – d'une action réglementaire, les administrations doivent faire attention aux observations anecdotiques qui reflètent peut-être davantage les symptômes d'un problème qu'elles n'en identifient la cause profonde. Une action réglementaire qui ne répond pas explicitement à la défaillance d'un marché ou à l'alerte lancée par des organismes publics produira sans doute moins de bénéfices nets qu'une autre visant à résoudre un problème de fond ayant été correctement mis au jour (Dudley et al., 2017[5]). Une mauvaise identification du problème peut donner lieu à des réglementations non justifiées et générer des difficultés pour contrôler et évaluer l'efficacité et l'efficience de ces dispositions.

Toutes les alternatives plausibles doivent être prises en compte, y compris les substituts à la réglementation. Le *statu quo* – c'est-à-dire l'état du monde tel qu'il est supposé être en l'absence de réglementation (autrement dit, le « scénario en l'absence d'intervention » ou le « scénario de référence ») – doit toujours faire partie des possibilités. L'AIR doit examiner les effets de différentes actions publiques sur le bien-être de la population. Il est donc important de déterminer si des alternatives plausibles sont examinées, ou si l'AIR porte uniquement sur l'option réglementaire qui a la préférence (accompagnée peut-être de fausses alternatives peu réalistes). Les alternatives présentent-elles différents niveaux de contrainte ? Des instruments réglementaires différents sont-ils proposés ? Les données présentées permettent-elles d'évaluer facilement les alternatives et leur effet relatif sur le bien-être des citoyens ? L'AIR semble-t-elle se concentrer sur une mesure réglementaire en particulier (Dudley et al., 2017[5]) ? Pour une typologie des alternatives aux réglementations « coercitives », voir Encadré 2.5.

Encadré 2.5. Alternatives aux réglementations « coercitives »

Réglementations axées sur la performance : Les réglementations axées sur la performance spécifient les résultats ou les objectifs visés, plutôt que les moyens qui permettraient d'y parvenir. Les entreprises et les personnes sont en mesure de choisir le processus par voie duquel elles respecteront la loi. Cela leur permet de déterminer les processus les plus efficients et les moins onéreux dans leur cas particulier, et favorise en outre l'innovation et l'adoption à large échelle de technologies nouvelles.

Réglementations fondées sur les processus : Ces réglementations sont ainsi appelées parce qu'elles exigent des entreprises qu'elles mettent au point des processus qui garantissent une approche systématique visant à maîtriser et à réduire au minimum les risques de production. Elles partent de l'idée que les producteurs, si on leur donne des incitations adéquates, seront vraisemblablement plus efficaces qu'une autorité régulatrice centrale quand il s'agit de déterminer les risques et de mettre au point des solutions peu onéreuses. Ces réglementations sont particulièrement utiles dans les cas où les sources de risques sont multiples et complexes et où la vérification a posteriori du produit est relativement inefficiente ou d'un coût prohibitif.

Coréglementation : Dans un régime de coréglementation, la responsabilité réglementaire est partagée entre les pouvoirs publics et les entreprises. Elle intervient généralement par le biais d'une référence législative ou de l'acceptation d'un code de pratiques. En règle générale, les entrepreneurs, ou une forte proportion de participants des secteurs industriels, formulent un code de pratiques en consultation avec les pouvoirs publics et tout manquement au code est généralement passible de sanctions imposées par l'industrie ou par des organisations professionnelles, et non directement par les pouvoirs publics. Cette approche permet à un secteur de tenir le premier rôle dans la réglementation de ses membres en fixant des normes et en encourageant une plus grande responsabilité sur le plan de la performance. Elle profite par ailleurs des compétences et des connaissances propres aux milieux d'affaires et aux associations professionnelles.

Réglementation économique : Dans sa version moderne, la réglementation économique vise moins à corriger les défaillances des marchés qu'à faciliter leur fonctionnement. En d'autres termes, lorsque les mécanismes de la concurrence sont peu actifs ou inexistants, le régulateur économique joue le rôle de la « main visible » en essayant de conduire les prestataires de services vers les résultats (en termes de prix, de qualité ou des deux) qui auraient été obtenus naturellement si le marché avait été concurrentiel.

Instruments économiques : D'un point de vue théorique, dans un grand nombre de cas le recours à des instruments économiques devrait être a priori le moyen préféré d'atteindre les objectifs fixés. La raison en est que ces instruments – taxes, subventions, coupons, autorisations négociables, etc. – dépendent directement du marché, ce qui mobilise les incitations de ce dernier et évite le risque majeur potentiel de distorsion inhérent à la plupart des réglementations.

Information et éducation : La solution de rechange à la réglementation la plus largement utilisée dans des pays de l'OCDE est celle des campagnes d'information et d'éducation. Il s'agit de redresser les asymétries sur le plan de l'information et de donner aux citoyens et aux consommateurs le pouvoir d'adopter des lignes d'action ou de faire des choix éclairés qui répondent à leurs préférences et ajustent leur sensibilité aux risques. De nombreuses campagnes d'information visent simplement à informer les citoyens et à accroître les possibilités de choix du consommateur, mais certaines d'entre elles cherchent plus explicitement à modifier les comportements.

Approches volontaires : Les approches volontaires sont des arrangements lancés ou entrepris par des secteurs d'activité et les entreprises, parfois officiellement sanctionnés ou approuvés par le gouvernement, dans lesquels des obligations auto-imposées vont au-delà des réglementations légales en vigueur ou viennent les compléter. Elles comprennent des initiatives volontaires, des codes volontaires, des accords volontaires et une autoréglementation, et elles sont plus ou moins contraignantes et volontaristes.

Approche comportementale : Élaboration des politiques à l'aide d'une approche inductive visant à comprendre comment le contexte et les biais influencent la prise de décisions, et consistant à tester préalablement les solutions pour déterminer si elles fonctionnent avant de les mettre en œuvre à grande échelle. Cette méthode utilise les connaissances en psychologie, sciences cognitives et sciences sociales pour prévoir les conséquences comportementales des politiques, dans le but ensuite de concevoir et de proposer des mesures plus efficaces en utilisant des stratégies comportementales pour guider les prises de décisions.

Source : (OCDE, 2003[6]), Politiques de régulation dans les pays de l'OCDE : De l'interventionnisme à la gouvernance de la régulation, *Examens de l'OCDE de la réforme de la réglementation*, Éditions OCDE, Paris, https://doi.org/10.1787/9789264277434-fr ; https://www.esc.vic.gov.au/sites/default/files/documents/What-Is-Economic-Regulation.pdf ; (OCDE, 2019[7]), Tools and Ethics for Applied Behavioural Insights: The BASIC Toolkit, OECD Publishing, Paris, https://doi.org/10.1787/9ea76a8f-en.

Il est primordial de toujours mettre en évidence l'ensemble des coûts directs et indirects importants, ainsi que les avantages qui sont susceptibles d'apparaître si les options de réglementation proposées sont mises en œuvre. Cela peut permettre une comparaison plus utile des options en question. Indépendamment du fait que l'AIR s'appuie ou non sur une analyse coûts-avantages, l'identification de tous les groupes qui subiraient les effets de la réglementation, la nature de ces impacts ainsi que les éventuelles disparités entre les impacts, peut permettre d'effectuer une comparaison plus instructive entre les options proposées. Outre les impacts économiques directs, il convient d'examiner d'autres types d'impacts : par exemple sur l'environnement (voir notamment (OCDE, 2019[8])), la société (l'emploi, la santé publique, l'égalité femmes-hommes, la pauvreté, les inégalités et leur réduction, les conditions de travail, etc.) et l'innovation, les impacts transfrontières, les effets indirects et pervers, etc. L'AIR doit également tenir compte des objectifs de développement durable. Lorsque plusieurs évaluations partielles d'impact sont réalisées séparément, il est important qu'elles soient regroupées en une seule évaluation transversale. Pour une typologie des coûts de la réglementation, voir le Graphique 2.2 ; pour une méthodologie de calcul des coûts de mise en conformité, voir la publication (OCDE, 2019[9]). Les PME étant majoritaires dans la plupart des économies, il est important d'adopter une législation qui leur soit favorable, afin de créer un environnement propice aux entreprises. De nombreux pays ont adopté une approche similaire au principe de la priorité aux « petits », obligeant les pouvoirs publics à tenir compte des intérêts et des besoins des PME dès le début de l'élaboration des politiques. Les mécanismes d'AIR doivent inclure un volet visant explicitement à examiner l'impact de la réglementation sur les PME (le « test des PME »). Ce test peut conduire à l'exclusion des PME (souvent des micro-entreprises) du champ d'application de la réglementation, ou à la mise en place de dérogations, de périodes de transition ou de dispositions spéciales pour cette catégorie d'entreprises.

Graphique 2.2. Typologie des coûts de la réglementation

[Diagramme : Coûts liés à la réglementation se divisent en : Coûts de mise en conformité, Coûts financiers, Coûts indirects, Coûts d'opportunité, Coûts macroéconomiques. Les Coûts de mise en conformité se subdivisent en : Charges administratives, Coûts de mise en conformité de base, Coûts d'administration et de contrôle. Les Coûts de mise en conformité de base se subdivisent en : Coûts de mise en œuvre, Coûts de la main-d'œuvre directe, Frais généraux, Coûts d'équipement, Coûts des matières, Coûts des services externes. Les Coûts de la main-d'œuvre directe se subdivisent en : Coûts salariaux, Coûts non salariaux.]

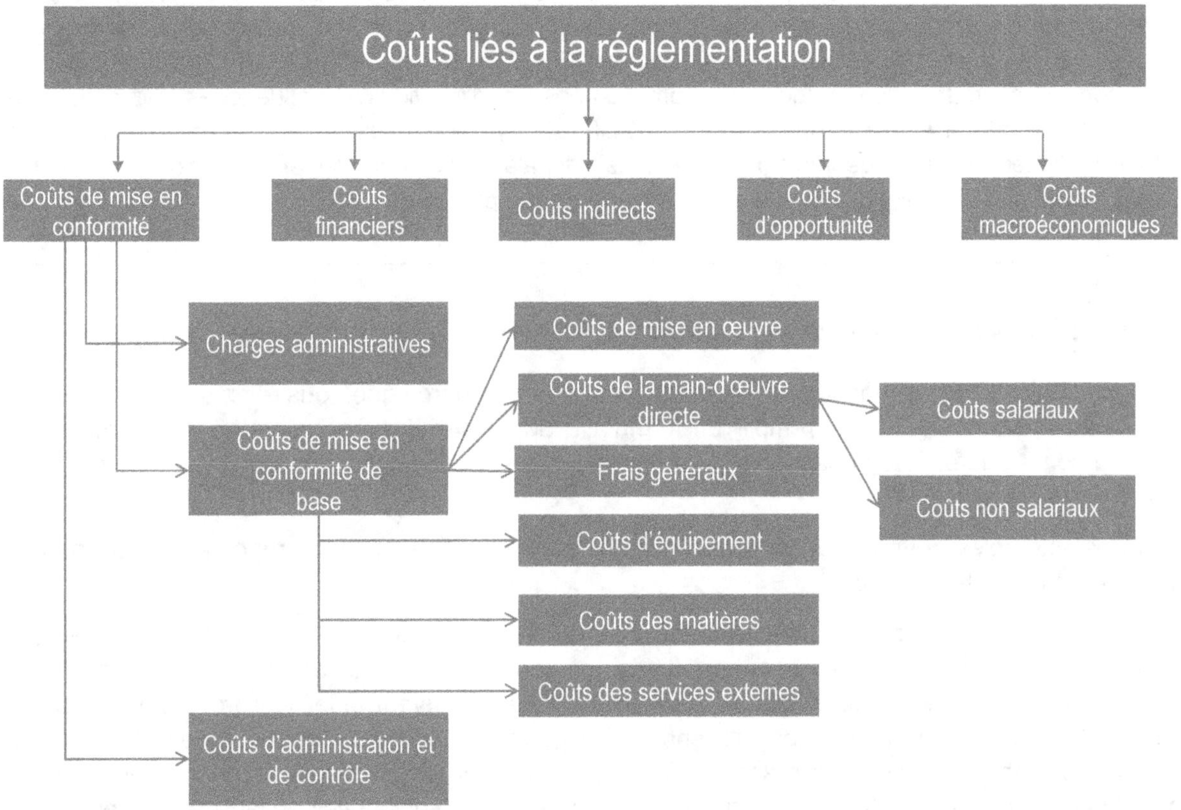

Source : (OCDE, 2019[9]), *Guide de l'OCDE sur l'évaluation des coûts de mise en conformité avec la réglementation*, Éditions OCDE, Paris, https://doi.org/10.1787/78c48996-fr.

Les parties prenantes doivent être systématiquement associées au processus de l'AIR afin d'avoir toutes la possibilité de participer à l'élaboration de la réglementation. Les parties prenantes peuvent en effet fournir des informations importantes sur les coûts et les avantages des alternatives, notamment sur leur efficacité. Un exemple d'outil innovant pouvant permettre de rendre l'AIR plus ouverte et participative est la publication de données ouvertes et liées concernant les projets de réglementation ou d'autres aspects du processus d'élaboration de la réglementation ; cette démarche facilite la participation des parties prenantes au processus ainsi que le suivi et l'amélioration des textes. Il est en outre fréquent que les citoyens, en particulier ceux sur lesquels la réglementation a des répercussions, disposent d'une grande partie des données nécessaires à la réalisation de l'AIR. La consultation et l'association des usagers peuvent fournir des informations importantes sur la faisabilité des propositions, les alternatives envisagées et le degré d'acceptabilité du projet de réglementation par le public auquel il s'adresse. Les hypothèses et les données utilisées dans l'AIR peuvent en outre être améliorées si elles sont rendues publiques et soumises à consultation après la réalisation de l'AIR. Des documents d'orientation sur la participation des parties prenantes (la façon de participer, la gestion des données, les sujets de consultation et les systèmes permettant de déposer des commentaires) et la communication à ces parties prenantes d'informations en retour sont également recommandés (voir la prochaine publication de l'OCDE intitulée *Best Practice Principles on* Stakeholder *Engagement and Regulatory Policy*).

Les connaissances dans le domaine de l'économie et des sciences comportementales doivent, le cas échéant, être prises en compte. Les problèmes liés aux politiques publiques sont souvent dus à des facteurs structurels (aspects juridiques, incitations économiques, considérations techniques, etc.) et comportementaux (erreurs décisionnelles dues au contexte et aux biais). Ne pas analyser le volet comportemental du problème posé par une action des pouvoirs publics peut conduire à une mauvaise compréhension du problème et à une occasion manquée d'élaborer des solutions à partir des connaissances comportementales, qui permettront peut-être d'obtenir de meilleurs résultats. De manière générale, les facteurs comportementaux peuvent être regroupés en quatre grandes catégories : l'attention, les croyances, les choix et la détermination (voir Encadré 2.6). Ces facteurs s'appliquent également aux prises de décisions des organisations, lesquelles sont composées d'individus et influencées par eux, comme l'indiquent les données issues de l'observation. L'OCDE (2019[7]) fournit aux décideurs une boîte à outils et un ensemble de lignes directrices déontologiques pour les aider à appliquer des connaissances comportementales du début à la fin du traitement d'un problème lié à une politique publique.

Encadré 2.6. Les connaissances comportementales appliquées aux politiques publiques

Vous est-il déjà arrivé de manquer un rendez-vous important parce que vous étiez trop occupé et que vous l'avez oublié ? De ne pas remplir un formulaire administratif parce qu'il était trop compliqué et difficile à comprendre ? De dépasser légèrement la limitation de vitesse parce que les autres voitures roulaient vite aussi ?

Voilà des exemples courants de la façon dont le contexte et les biais comportementaux peuvent influencer la prise de décisions.

Une meilleure compréhension des comportements humains peut conduire à de meilleures politiques publiques. Les connaissances comportementales, qui découlent d'études rigoureuses menées dans le domaine de l'économie et des sciences comportementales, peuvent aider les organismes publics à comprendre les comportements des citoyens et leur permettre de tester préalablement des solutions avant de les mettre en œuvre à grande échelle. En intégrant les connaissances comportementales dans l'élaboration des politiques publiques, les décideurs peuvent anticiper les conséquences des mesures qu'ils prennent et, au final, concevoir et proposer des dispositions plus efficaces susceptibles d'améliorer le bien-être des citoyens.

Le Tableau 2.1 reprend les quatre grands facteurs comportementaux entraînant des problèmes dans l'élaboration des politiques : l'attention, les croyances, les choix et la détermination.

Tableau 2.1. Facteurs comportementaux et exemples

Principaux facteurs comportementaux	Exemple de problème lié à la politique en place	Stratégie comportementale	Conséquence
Attention : L'attention des individus est limitée et facilement distraite.	Les patients oublient leurs rendez-vous médicaux.	Envoyer des SMS de rappel en indiquant ce que coûte un rendez-vous non honoré au système de santé.	Baisse de 25 % des rendez-vous non honorés.
Croyances : Les individus fonctionnent à l'aide de raccourcis mentaux, ce qui les conduit souvent à sur/sous-estimer des résultats et des probabilités.	Les conducteurs accélèrent avant d'aborder les virages, ce qui entraîne l'augmentation des accidents.	Peindre des lignes blanches afin de créer une illusion de vitesse et faire ralentir les conducteurs.	Baisse de 36 % du nombre des accidents en 6 mois.
Choix : Les individus sont influencés dans leurs choix par leur conditionnement et l'environnement social, ainsi que par le contexte.	Les ménages ne font pas suffisamment d'efforts pour améliorer l'efficacité énergétique.	Envoyer des courriers aux clients des services d'utilité publique en comparant leur consommation d'électricité avec celle de leurs voisins.	Baisse de 2.0 % de la consommation d'électricité entraînant la diminution des émissions de CO_2 de 450 000 tonnes et générant des économies de 75 millions USD.
Détermination : Même lorsque les individus effectuent les bons choix, leur détermination est limitée et soumise à des biais psychologiques qui empêchent la réussite à long terme.	Les chômeurs ont du mal à trouver du travail.	Mettre en place un « dispositif de motivation » incluant un entretien avec un conseiller afin de concevoir un plan de recherche d'emploi efficace.	Augmentation de 23 % des chômeurs trouvant un emploi.

Source : (OCDE, 2019[7]), Tools and Ethics for Applied Behavioural Insights: The BASIC Toolkit, Paris, https://doi.org/10.1787/9ea76a8f-en.

Toute analyse d'impact doit inclure l'élaboration de stratégies concernant la mise en œuvre, le respect et le contrôle de l'application de chacune des options envisagées par les pouvoirs publics, avec notamment une évaluation de leur efficacité et de leur efficience. Il est important, dès le stade de rédaction des textes réglementaires, de mettre au point un plan de mise en œuvre de chaque mesure qui soit réaliste, pratique et coordonné. L'AIR doit mentionner clairement quelles institutions seront chargées de mettre en œuvre et de faire respecter la réglementation, quelles ressources seront nécessaires et comment elles seront mises à disposition. S'agissant de la stratégie de mise en œuvre de la réglementation, des alternatives indépendantes de l'État (par exemple les forces du marché, le secteur privé et les actions de la société civile) doivent également être proposées dans l'AIR. Concernant la question de savoir si les réglementations du secteur public doivent véritablement faire l'objet d'un contrôle de leur application, il est important de s'intéresser aux mesures incitatives (pour en savoir plus, voir (OCDE, 2014[10]).

L'AIR doit être perçue comme un processus itératif de proposition et d'évaluation de différentes possibilités d'action des pouvoirs publics qui contribue à améliorer les capacités de l'administration à prendre de meilleures décisions, et non comme une formule magique produisant automatiquement la solution la plus adaptée à chaque problème. Le but de cette analyse est fondamentalement d'essayer d'élargir et de clarifier les facteurs pertinents intervenant dans la prise de décisions. L'AIR étend implicitement la mission du régulateur, qui ne se limite plus à la résolution de problèmes très spécialisés, mais inclut la prise de décisions mûrement réfléchies qui replacent les problèmes dans la perspective d'objectifs économiques et redistributifs généraux. Loin d'être un outil technocratique qui viendrait simplement « s'ajouter » au dispositif de prise de décision sur injonction des pouvoirs publics, c'est une méthode visant à transformer la vision de ce qu'est une politique appropriée. Lorsque cet aspect est bien compris, il est plus facile d'apprécier l'approche à long terme de l'AIR et son rôle dans le processus décisionnel de l'action publique.

Les résultats de l'analyse doivent être dûment rendus publics. L'AIR ne doit pas être rédigée de manière à brouiller les informations importantes ou à biaiser l'analyse pour amener à un certain résultat (Dudley et al., 2017[5]). La communication de l'analyse doit en outre respecter certaines exigences établies par les autorités chargées de la réglementation, tout en demeurant suffisamment simple et concise. La publication de l'AIR doit être complétée par des annexes, afin de permettre aux personnes intéressées d'avoir accès aux données de base utilisées pour réaliser l'analyse et de montrer la solidité des données empiriques, des hypothèses, des restrictions, etc. Chaque déclaration d'impact de la réglementation doit inclure de préférence une synthèse courte et facile à comprendre (par exemple sous la forme d'un tableau) présentant succinctement les options évaluées, leurs coûts et leurs avantages, ainsi que la raison pour laquelle l'une des options a été sélectionnée.

Suivi, évaluation et amélioration continus de l'AIR

L'analyse doit être étendue à l'ensemble du cycle de l'action publique. **Il est important de vérifier les impacts réels des réglementations** quelque temps **après leur mise en œuvre.** Cela permet non seulement d'améliorer la qualité des réglementations elles-mêmes, mais aussi de recueillir des données et des commentaires sur le processus de l'AIR qui serviront à de prochaines analyses *ex ante*. Pour cela, des données pertinentes sur les impacts des réglementations doivent être collectées en s'appuyant sur l'adoption précoce de bonnes pratiques de gestion et de gouvernance des données (voir la section précédente), afin de pouvoir améliorer la fiabilité et l'exactitude des informations. Le fait de reconnaître la validité du cycle de valeur des données publiques (voir Encadré 2.7) pendant toute la durée du processus d'élaboration des politiques et des réglementations signifie que les besoins en matière de données seront étudiés dès le début du processus réglementaire. Cette préoccupation pour les données requises à un stade précoce de la conception des réglementations permet d'établir clairement comment la réalisation des objectifs sera mesurée. Des données reflétant les résultats des réglementations, plutôt que les éléments d'entrée et de sortie, doivent être recueillies. Une analyse d'impact *ex post* est également très importante dans les cas où les réglementations ont été adoptées sans faire l'objet d'une AIR *ex ante*, par exemple dans les situations d'urgence.

Encadré 2.7. Gestion et utilisation des données pour créer de la valeur publique

Le cycle de valeur des données publiques identifie les phases par lesquelles les données doivent passer pour être correctement gérées. Le cycle permet de suivre la trajectoire des données, depuis leur prise en charge (ensembles de données brutes, isolées et non structurées) jusqu'à l'identification et la compréhension des relations qui existent entre elles et aboutissent à l'information et la connaissance qui servent de base aux actions et aux prises de décisions des pouvoirs publics. Ce cycle inclut des boucles de rétroaction et un mécanisme d'itération continue dans lesquels les données conditionnent et influencent la nature des processus décisionnels, lesquels entraînent à leur tour la production et la collecte de données différentes ou supplémentaires.

Graphique 2.3. Le cycle de valeur des données publiques

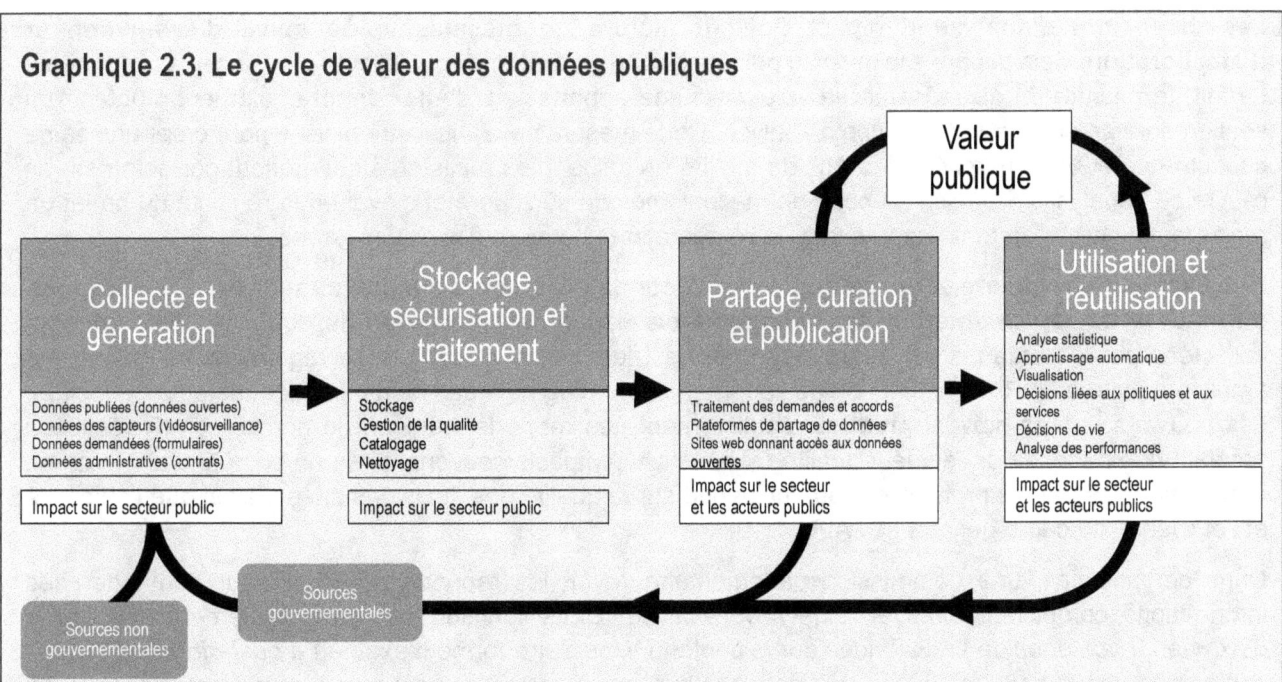

Source : (OCDE, 2020[4]), *Axer le secteur public sur les données : marche à suivre*, Éditions OCDE, Paris, https://doi.org/10.1787/0090312e-fr.

L'AIR tire avantage de ce cycle de gouvernance et de gestion des données, mais peut aussi bénéficier de l'utilisation des données pour générer de la valeur publique. La collecte des données recueillies au moment de la planification, lors de la mise en œuvre et pendant le suivi est particulièrement utile pour réaliser une AIR *ex post*.

Graphique 2.4. Générer de la valeur publique en axant le secteur public sur les données

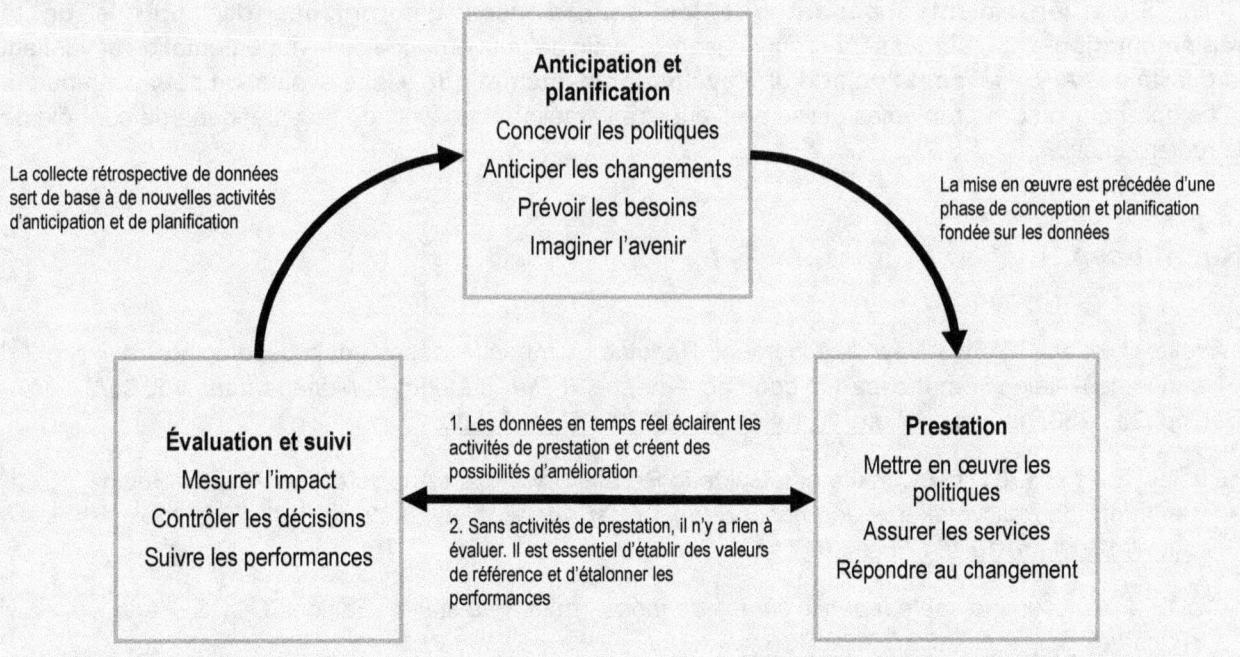

Source : (OCDE, 2020[4]), *Axer le secteur public sur les données : marche à suivre*, Éditions OCDE, Paris, https://doi.org/10.1787/0090312e-fr.

Les dispositifs d'analyse d'impact doivent inclure un mécanisme de suivi, d'évaluation et d'amélioration. Cela suppose la mise au point anticipée de systèmes de collecte ou d'accès aux données. Le fait de mesurer et de présenter la valeur ajoutée apportée par l'AIR permet également d'obtenir un soutien durable en faveur de ce type d'analyse. Cette mesure peut aussi être utilisée pour créer une saine concurrence et un « marché » des AIR de qualité en saluant les ministères qui mettent correctement en œuvre ces analyses. La mise au point de mécanismes de suivi permet d'évaluer la réussite du projet de réglementation et d'en tenir compte lors de l'élaboration ultérieure d'autres mesures.

Une évaluation régulière et approfondie des effets de l'AIR sur la qualité (supposée) des décisions en matière de réglementation est indispensable. L'une des catégories de données utiles qui sont collectées par les organes de contrôle centraux est le nombre de projets de réglementation ayant été améliorés suite à l'AIR et l'estimation de l'augmentation marginale des bienfaits attendus pour la société. Les pouvoirs publics doivent produire régulièrement des rapports indiquant le nombre d'AIR réalisées pendant une période donnée, leur qualité (exhaustivité, impacts couverts, prise en compte d'alternatives, association des parties prenantes), leur incidence sur la qualité des décisions prises, ainsi que l'efficacité et l'efficience du cadre général de l'AIR.

Dans certains cas, une commission parlementaire revoit les rapports d'AIR et peut demander des informations complémentaires au sujet de l'analyse. Cette fonction constitue également une forme d'examen *a posteriori* de l'AIR fondée sur le contenu. Une autre forme d'examen *a posteriori* fondé sur le contenu émane des tribunaux, qui peuvent constituer un important contrepoids à l'exercice du pouvoir de réglementation dans certains pays (notamment aux États-Unis). Là encore, le constat que l'AIR a été profondément bâclée peut dans certains pays être considéré comme un vice de procédure et conduire à l'invalidation de la réglementation en question. La perspective d'une action devant les tribunaux peut donc constituer un important mécanisme d'assurance-qualité pour l'AIR.

Il est important d'évaluer les effets de l'AIR dans les cas où le rapport de l'analyse d'impact ne correspond pas au texte final du projet en raison des modifications apportées ultérieurement dans le processus législatif (notamment au parlement).

Enfin, **il est également important que les performances des organes de contrôle de la réglementation** – qui coordonnent et supervisent le cycle de gouvernance de la réglementation et vérifient la qualité des AIR – **fassent l'objet d'une évaluation systématique**. Cette évaluation peut contribuer à la compréhension des problèmes qui se profilent et à l'amélioration continue des pratiques de contrôle de la réglementation.

Références

Adelle, C. et al. (2015), « New development: Regulatory impact assessment in developing countries—tales from the road to good governance », *Public Money & Management*, vol. 35/3, pp. 233-238, http://dx.doi.org/10.1080/09540962.2015.1027500. [1]

Dudley, S. et al. (2017), « Consumer's Guide to Regulatory Impact Analysis: Ten Tips for Being an Informed Policymaker », *Journal of Benefit-Cost Analysis*, vol. 8/02, pp. 187-204, http://dx.doi.org/10.1017/bca.2017.11. [5]

OCDE (2020), *Axer le secteur public sur les données : marche à suivre*, Éditions OCDE, Paris, https://dx.doi.org/10.1787/0090312e-fr. [4]

OCDE (2019), *Analyse coûts-avantages et environnement : Avancées théoriques et utilisation par les pouvoirs publics*, Éditions OCDE, Paris, https://dx.doi.org/10.1787/9789264300453-fr. [8]

OCDE (2019), *Guide de l'OCDE sur l'évaluation des coûts de mise en conformité avec la réglementation*, Éditions OCDE, Paris, https://dx.doi.org/10.1787/78c48996-fr. [9]

OCDE (2019), *Tools and Ethics for Applied Behavioural Insights: The BASIC Toolkit*, Éditions OCDE, Paris, https://dx.doi.org/10.1787/9ea76a8f-en. [7]

OCDE (2015), « Regulatory Impact Assessment and regulatory policy », dans *Regulatory Policy in Perspective : A Reader's Companion to the OECD Regulatory Policy Outlook 2015*, Éditions OCDE, Paris, https://dx.doi.org/10.1787/9789264241800-5-en. [2]

OCDE (2014), *Principes de bonnes pratiques de l'OCDE pour la politique de la réglementation : Contrôle et mise en œuvre de la réglementation*, Éditions OCDE, Paris, https://dx.doi.org/10.1787/9789264208926-fr. [10]

OCDE (2003), *Politiques de régulation dans les pays de l'OCDE : De l'interventionnisme à la gouvernance de la régulation*, Examens de l'OCDE de la réforme de la réglementation, Éditions OCDE, Paris, https://dx.doi.org/10.1787/9789264277434-fr. [6]

OCDE (s.d.), *Axer le secteur public sur les données : marche à suivre*, Éditions OCDE, Paris, https://dx.doi.org/10.1787/0090312e-fr. [3]

Notes

[1] Les administrations ne doivent intervenir que lorsque c'est nécessaire.

[2] Une réglementation doit conduire à la réalisation d'objectifs.

[3] Les solutions proposées doivent être proportionnées au risque encouru ainsi qu'aux coûts mis en évidence et réduits au minimum.

[4] Les processus et les règles utilisés pour concevoir, modifier et réviser la réglementation doivent être clairement établis et respectés systématiquement.

[5] Les administrations doivent être ouvertes et faire en sorte que les réglementations soient simples et faciles à comprendre.

[6] Les administrations doivent être en mesure de justifier leurs décisions et être soumises à l'examen critique de l'opinion publique.

[7] Les réglementations et les processus conduisant à leur élaboration doivent être simples et faciles à comprendre.

[8] Toutes les parties prenantes doivent avoir la possibilité d'exprimer leurs points de vue.

[9] Jusqu'ici, cette approche n'a, à notre connaissance, été mise en œuvre dans aucun des pays de l'OCDE.

[10] Comme par exemple le Danish Business Forum.

[11] Cette disposition doit toutefois s'accompagner d'une obligation tout aussi importante : faire en sorte que les données empiriques soient acquises, recueillies et utilisées dans l'AIR en respectant les impératifs (i) d'impartialité et (ii) d'excellence.

[12] La liste qui suit n'est pas à prendre à la lettre et n'inclut que certaines des options possibles, dont la mise en œuvre dépend du système juridique et administratif du pays concerné.

[13] Avec, éventuellement, un membre de l'opposition pour la présider, ou en son sein des membres de partis autres que celui qui est au pouvoir.

[14] Le recours à cette option dépend du système juridique et administratif du pays concerné.

[15] Pour une description du cycle de la gouvernance de la réglementation, voir (OCDE, 2003[6]).

[16] Toutefois, d'aucuns ont aussi fait valoir (Deighton-Smith, 2006) que le recours à des compétences externes (nomination de consultants, par exemple) n'est pas nécessairement incompatible avec la réalisation des objectifs susmentionnés de changement culturel à l'égard de l'AIR. À cet égard, la question fondamentale est la nature de la relation entre le consultant et les responsables : lorsque le consultant en matière d'AIR est associé à un stade précoce au processus d'élaboration des politiques, la relation avec les responsables gouvernementaux peut être celle d'un dialogue et le travail entrepris sur l'AIR peut contribuer à un exercice permanent d'amélioration des politiques, tout en autorisant un transfert de compétences aux responsables gouvernementaux dans le cadre du processus. Certes, il y a peu de différence, sur le plan opérationnel, entre le recrutement d'un consultant externe et le recours aux agents d'un service public interne, qui peuvent être assimilés à des consultants internes. Dans les deux cas, la question fondamentale reste de savoir comment assurer un dialogue direct et permanent entre l'expert en AIR et les responsables et décideurs au sein de l'administration.

Cela étant, c'est toujours l'administration qui est redevable politiquement et responsable de l'AIR sur le fond et la forme. Si elle décide de sous-traiter tout ou partie de l'AIR, elle doit : i) conserver le contrôle total de la finalité, de la portée et de l'ampleur de l'analyse ; ii) être pleinement consciente des conséquences que peut entraîner l'option recommandée ; et iii) s'assurer que le texte final de la réglementation reflète l'AIR (et vice versa). Dans l'idéal, l'externalisation des travaux doit avoir lieu selon des protocoles (cahiers des charges) soigneusement établis et validés soumis au sous-traitant, et ces protocoles doivent être rendus publics. La sélection des sous-traitants (consultants, experts) doit en outre être transparente et fondée sur le critère de l'excellence.

[17] En Suisse, par exemple, une AIR plus approfondie doit être réalisée lorsque trois critères (sur une liste de dix) sont remplis.

[18] Par exemple, en Australie, le *Commonwealth Regulatory Burden Measure* : https://rbm.obpr.gov.au/home.aspx.

[19] Lorsque des exceptions sont invoquées (et pour éviter qu'elles ne le soient abusivement), une évaluation *ex post* doit être rendue obligatoire. Des dispositions visant à vérifier les impacts de la réglementation doivent être prises au plus tard au moment où celle-ci est officiellement adoptée. Cela peut passer par un examen de suivi, comme le font actuellement un certain nombre de pays.

www.ingramcontent.com/pod-product-compliance
Lightning Source LLC
LaVergne TN
LVHW062001070526
838199LV00060B/4226